Couverture inférieure manquante

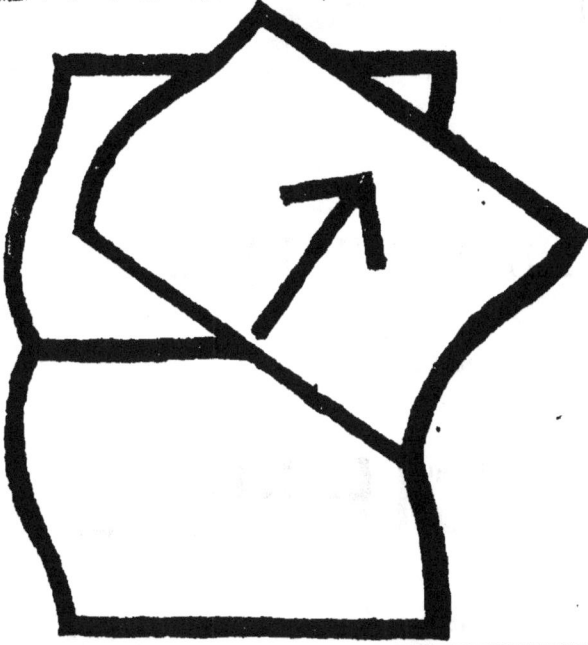

Début d'une série de documents en couleur

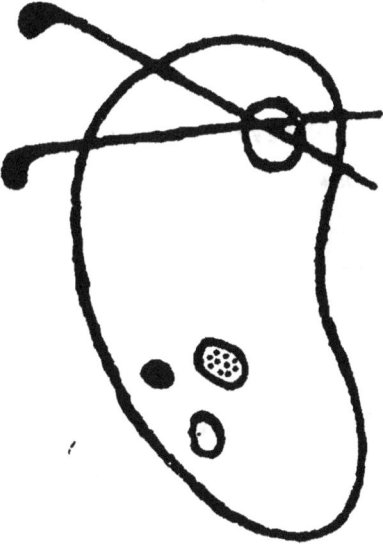

LES

# CONDITIONS PHYSIQUES

DE LA

# CONSCIENCE

PAR

## ALEXANDRE HERZEN

PROFESSEUR A L'ACADÉMIE DE LAUSANNE

Extrait de la REVUE DE GENÈVE

Janvier, Février, Mars 1886

GENÈVE

Henri STAPELMOHR, Libraire-Editeur, Corraterie, 24

1886

Fin d'une série de documents
en couleur

# LES CONDITIONS PHYSIQUES

## DE LA

# CONSCIENCE

## I

Tandis que la plupart des psychologues physiologistes sont
d'accord sur les principes fondamentaux du monisme et sur la
nécessité de renoncer au dualisme traditionnel, ils sont en désaccord flagrant sur la participation de la conscience à l'activité
nerveuse centrale. Les Anglais surtout ont fréquemment débattu
cette question. Je citerai les deux principaux représentants des
deux manières de voir opposées : H. Maudsley et G.-H. Lewes.

Dans sa *Physiologie de l'Esprit*, Maudsley revient souvent sur
cette question, à propos des différents centres nerveux; il refuse
absolument toute conscience à la moelle épinière et attribue les
réactions surprenantes, les réflexes coordonnés, que l'on obtient de
la moelle épinière de grenouilles décapitées, à un mécanisme inconscient, chargé de transmettre l'excitation par des voies nerveuses préformées (innées ou acquises); il s'efforce de refuser la
conscience aux centres sensorio-moteurs, situés entre la moelle
allongée et le corps calleux et attribue la grande complexité des
réactions fournies par les animaux privés seulement des hémisphères cérébraux, à la plus grande complexité des impressions
qu'ils reçoivent au moyen des sens spéciaux; de même que le
mécanisme aveugle de la moelle épinière répond par des réactions
uniformes ou peu variées aux impressions monotones qu'il reçoit,
les centres sensorio-moteurs répondent inconsciemment par des
groupes ou des séries de mouvements coordonnés aux groupes
et aux séries d'impressions externes; le véritable agent, le seul
même, est ici encore le mécanisme organisé; l'excitation nerveuse parcourt des voies préétablies, acquises par l'individu ou
par la race.

DEBUT DE PAGINATION

Mais en affirmant ceci, Maudsley est plus prudent que lorsqu'il parle de la moelle épinière ; il reconnait lui-même qu'on ne peut pas dire avec certitude que les actes sensorio-moteurs soient toujours inconscients, et finit par avouer que la question est ouverte. Enfin, même en traitant des centres corticaux des circonvolutions cérébrales, siège de l'intelligence et de la volonté, il semble n'admettre qu'à regret la participation de la conscience à leur activité et s'attache surtout à faire ressortir la possibilité de leur fonctionnement inconscient.

Nous devons, dit-il, nous prémunir fortement contre l'erreur de considérer *la conscience* comme identique ou équivalente à *l'esprit.* Quand toute l'énergie d'une idée se décharge immédiatement à l'extérieur et donne lieu à une réaction idéo-motrice, nous n'en sommes point conscients ; afin que nous ayons conscience d'une idée il faut non seulement qu'elle ait une certaine intensité, mais qu'elle ne soit pas tout entière déversée sur les organes du mouvement. Une idée qui disparait de la *conscience*, ne cesse pas pour cela d'exister ; elle peut continuer à agir à l'état latent et, pour ainsi dire, sous l'horizon de la conscience, pendant que les courants moléculaires qui la constituent se ralentissent peu à peu, avant de s'arrêter tout à fait ; dans cet état subconscient, elle peut avoir encore des effets moteurs ou influer sur d'autres idées ; si nous voyons surgir inconsciemment des effets qui auparavant ne se manifestaient qu'à la suite d'idées perçues par la conscience, nous avons le droit de supposer *l'identité de la cause productrice dans les deux cas,* d'autant plus que, souvent, lorsque notre attention se détourne d'autres objets qui l'occupaient momentanément, nous nous apercevons tout à coup de ce que nous étions en train de faire inconsciemment, et nous saisissons ainsi l'idée inconsciente sur le fait. La conscience parait donc exiger, comme première condition, un certain degré de persistance et d'intensité du courant moléculaire qui parcourt le circuit de l'idéation. Il en résulte que lorsque la méditation s'accomplit régulièrement et rapidement et que l'enchaînement des idées ne subit point d'interruption, nous n'avons ensuite aucune conscience de chacune des idées qui se sont suivies ; les unes évoquent les autres, sans s'imposer isolément à la conscience du penseur, de sorte que le résultat auquel celui-ci arrive, peut lui sembler inattendu ou *casuel,* et que souvent il est difficile, impossible même, de se rappeler une à une les différentes idées qui ont conduit l'esprit à ce résultat. Que de pensées, nées on ne sait comment, ne se présentent-elles pas dans le courant d'une seule journée, au seuil de notre conscience! Le premier courant d'idéation semble dans ce cas en éveiller immédiatement un autre et se répandre dans le labyrinthe de l'écorce cérébrale, en se transformant toujours, avec une telle rapidité qu'il ne laisse point de traces persistantes de ses propres phases intermédiaires.

Depuis les travaux de Laycock et de Carpenter, personne ne niera le fait que les centres cérébraux supérieurs *peuvent* agir inconsciemment ; mais cela ne nous donne assurément pas le droit de supposer *l'identité de la cause productrice* dans leur activité consciente et inconsciente ; au contraire, du moment qu'il y a concience dans un cas et point dans l'autre, nous sommes forcés d'admettre *une différence dans les conditions du phénomène ;* il s'agit précisément de savoir quand et pourquoi (ou plutôt dans quelles circonstances) la fonction nerveuse centrale est-elle consciente ? A cela Maudsley répond : lorsque l'excitation a un certain degré de persistance et d'intensité. Cette explication est pour le moins insuffisante : quoi de plus persistant et de plus intense que « la musique » des sphères célestes, dont il parle dans une note à la page 17 ? Et pourtant nous ne l'entendons pas ; quoi de moins intense que le bruit des ailes d'un cousin, que nous entendons très-bien ? Quoi de moins persistant qu'une étincelle électrique que nous voyons dans tout son éclat ? Il ne faut pas oublier, d'ailleurs, que, dans la plupart des exemples que l'on cite habituellement à ce propos, on a recours à des influences qui ne sont pas aptes à exciter l'activité des nerfs afférents ; tant qu'il s'agit d'impressions externes, la conscience ne peut évidement percevoir que des changements amenés par les nerfs périphériques ; par conséquent, lorsque ces nerfs ne sont pas encore excités, ou ne le sont plus, ou ne peuvent pas l'être, la conscience ne perçoit rien du tout ; Maudsley cite à l'appui de la thèse que *persister dans le même état de conscience, signifie être inconscient,* le fait que nous ne sentons pas la pression énorme mais constante de l'atmosphère sur la surface de notre corps ; mais comment pourrions-nous la sentir, puisque nos nerfs sont faits de manière à être inexcitables par elle ? Nous ne la sentons pas pour la même raison pour laquelle un aveugle ne voit pas les couleurs et un sourd n'entend pas les sons : nous n'avons pas d'organe pour la sentir. Je crois qu'il faut choisir les exemples au sein de l'action réflexe intercentrale des couches corticales (c'est-à-dire de l'activité psychique dans le sens restreint du mot), car elle nous offre à chaque instant des faits empiriques qui démontrent que l'exercice et l'habitude réduisent une foule d'actes psychiques d'abord conscients à l'automatisme complet, *indépendamment de leur intensité et de leur persistance* ; ceci est admirablement exposé par H. Spencer dans ses *Principes de Psychologie*, dont je citerai le passage suivant :

« Lorsque des changements, d'abord incohérents et volontaires se répètent souvent, ils deviennent cohérents et involontaires. Une série de changements psychiques qui était accompagnée de mémoire, de raison et de sentiment, cesse d'être consciente, rationnelle et émotionnelle, dès qu'elle est solidement organisée, grâce à de fréquentes répétitions ; elle cesse en même temps d'être volontaire. Mémoire, raison, sentiment et volonté disparaissent ensemble, au fur et à mesure que la reproduction habituelle de la même série de changements psychiques les rend automatiques. C'est ainsi que l'enfant qui apprend à marcher *veut* chaque mouvement avant de le faire, tandis que l'homme adulte, en marchant, ne pense pas à ses jambes, mais au but de sa course. C'est ainsi encore que ces reproductions de sons articulés que l'enfant et l'homme adulte exécutent, lorsque le premier apprend sa langue maternelle et le second une langue étrangère, sont volontaires ; mais au bout de quelques années d'exercice, la conversation coule de source, sans que les accomodations musculaires qu'elle exige soient conscientes ; les mouvements de l'appareil vocal suivent automatiquement la marche des idées. La même chose s'applique à l'écriture et à d'autres actions habituelles : toujours les différentes coordinations qui, au commencement, étaient conscientes et volontaires, deviennent tellement cohérentes et s'accomplissent si rapidement, qu'elles n'occupent plus dans la conscience un temps appréciable ; dès lors, elles s'accomplissent inconsciemment et involontairement, sous l'impulsion d'un stimulus interne ou externe approprié... C'est ainsi que, grâce à la répétition constante, certains phénomènes psychiques passent plus ou moins de l'état volontaire à l'état automatique. »

Malgré l'évidence de ces faits, démontrés par l'expérience quotidienne de chacun, Lewes ne veut pas en entendre parler ; dans son remarquable ouvrage intitulé *La Base physique de l'esprit*, il essaie d'établir que de même que les nerfs ont la propriété spéciale et caractéristique nommée névrilité, les centres nerveux ont eux aussi une propriété caractéristique et spéciale qu'il appelle sensibilité. Il va sans dire que, loin de vouloir indiquer par ces deux mots d'imaginaires entités métaphysiques, il les propose simplement pour donner un nom à l'activité propre du tissu nerveux, pour éviter la continuelle répétition de cette phrase : « Le mouvement moléculaire particulier, éveillé par les impressions externes dans les fibres et dans les cellules nerveuses ; » aussi s'efforce-t-il de donner aux deux mots en question un sens purement objectif ; cela est facile pour la névrilité, mais fort difficile pour la sensibilité : une sensibilité objective est évidemment une chose contradictoire et impossible, puisque la sensibilité n'est et ne peut être autre chose que justement la *subjectivité* ou l'aspect subjectif du changement central; de la vibration nerveuse. Et en effet, malgré les efforts de l'auteur pour exclure la sensation ou le sentiment, — en un mot, la *conscience*, — de ce qu'il nomme « sensibilité, » la subjectivité envahit malgré lui l'usage qu'il fait de cette parole et l'entraîne à attribuer la mémoire, le discernement, la raison et la volonté *à tout centre nerveux actif*, y compris la moelle épinière de grenouilles décapitées ; les mouvements réflexes qu'on observe en elles, à la suite de stimulations périphériques, sont pour lui raisonnables et volontaires ; or, un mouvement ne peut pas être raisonnable et volontaire à moins d'être senti subjectivement, et cela d'une manière définie. Lewes critique violemment le passage de Spencer que je viens de citer ; après avoir reconnu qu'on appelle *automatique* seulement les changements psychiques ayant perdu les qualités particulières qui les rendaient conscients, rationnels et émotionnels, il réfute l'assertion d'après laquelle, à la suite de fréquentes répétitions, les actes *psychiques* deviennent *physiques*, et soutient que, tout en cessant d'être conscients, ils continuent néanmoins à être psychiques et se distinguent par là des actes physiques. Sans doute si, à l'exemple de quelques spiritualistes, on ne concède le grade de « psychiques » qu'aux actes centraux conscients, on commet l'erreur de dépouiller de leur psychicité les changements centraux inconscients ; mais c'est ce que ne font pas ceux qui appellent « automatiques » les actes psychiques inconscients ; pour eux il n'y a point de distinction essentielle entre les actes psychiques et les actes inconscients ; pour eux il n'y a même point de distinction essentielle entre les actes psychiques et les actes physiques ; en quoi les premiers diffèrent-ils en effet des derniers ? Les uns et les autres sont-ils autre chose qu'une forme particulière de changements dynamo-matériels ayant un aspect subjectif pour chacun de nous uniquement parce qu'ils ont lieu en lui, et n'ayant absolument que l'aspect objectif tant qu'ils ont lieu dans un autre ? Et qu'est-ce que la conscience, sinon précisément l'aspect subjectif de *certains* d'entre ces changements, dont l'aspect objectif est « purement physique ? » Lewes lui-même est obligé de dire que nous pouvons *indifféremment* appeler la sensation un « processus nerveux » ou « un processus mental, » un mouvement moléculaire ou un état de conscience, *parce qu'elle est l'un et l'autre en même temps et parce qu'il s'agit des deux faces d'une seule et même réalité.* Mais, s'il en est ainsi, il ne peut y avoir de différence essentielle d'aucune espèce entre les changements psychiques et les changements physiques, et il faut renoncer à parler d'une telle différence ; il le faut d'autant plus que sans cela on se rapproche fatalement du dualisme que l'on combat, et, au lieu de construire un pont entre l'obsolète spiritualisme et le matérialisme non moins obsolète, on élargit l'abîme qui les sépare et qui engloutit l'unité de l'être.

Il est vraiment étrange de voir ces deux puissants esprits, Lewes et Maudsley, tous les deux champions zélés du monisme, adopter par rapport à la conscience deux opinions extrêmes et se rapprocher ainsi tous les deux, par des voies différentes, de l'abîme que l'un et l'autre travaillent à combler : tandis que Lewes s'efforce de démontrer l'*omniprésence* de la conscience, non-seulement dans les actes intellectuels, mais dans tous actes nerveux, sans exclure le réflexe spinal le plus direct et le plus automatique, Maudsley s'efforce de prouver l'*omniabsence* de la conscience, non seulement dans les actes nerveux d'ordre inférieur, spinaux et sensorio-moteurs, mais encore dans le réflexe cortical le plus indirect et le moins automatique, sans exclure l'activité intellectuelle. Dès le commencement de son ouvrage, Maudsley avertit le lecteur que l'intelligence et la conscience sont deux choses bien distinctes, que la première peut se passer de la seconde, qu'un homme « ne serait pas une plus mauvaise machine intellectuelle sans la conscience qu'avec elle, » et que « l'agent continuerait son activité malgré l'absence du témoin. » Est-ce que par aventure l'agent et le témoin seraient deux personnes indépendantes l'une de l'autre? Et qu'est-ce que la conscience si l'activité psychique peut continuer aussi bien en son absence? Nous sommes de nouveau au bord de l'abîme : une conscience qui apparaît de temps en temps, irrégulièrement, arbitrairement, c'est-à-dire casuellement, au lieu d'apparaître dans des conditions déterminées, et par conséquent nécessairement, se détache de son substratum nerveux, abandonne celui-ci aux bras du matérialisme et se jette elle-même dans les bras du spiritualisme. Le pont s'écroule et l'unité de l'être avec lui.

Il est évident que si, d'une part, on admet que le réflexe spinal le plus élémentaire est un acte psychique conscient, et non un acte physique et, d'autre part, que la méditation la plus élevée est un acte physique, dont la conscience est seulement un phénomène concomitant fréquent, mais nullement nécessaire, il est évident, dis-je, que de part et d'autre on sacrifie totalement la transition évolutive du simple au complexe, du moins parfait au plus parfait, et que, de part et d'autre; soit par l'extrémité effilée de la moelle épinière, soit par la voûte étendue des couches corticales, on introduit brusquement un élément nouveau, absolument différent, dont il est aussi impossible de comprendre la présence continuelle dans le premier cas, que la présence accidentelle dans le second. A quoi cela tient-il? Selon moi, à ce que Lewes et Maudsley ont chacun exagéré ce qu'il y a de vrai dans sa manière de voir et négligé ce qu'il y a de vrai dans l'autre point de vue; en conséquence de quoi, chacun d'eux, après s'être approché tout près de la vérité, s'en est de nouveau éloigné.

La vérité est, je crois, dans la synthèse des deux opinions rivales; elle nous enseigne, si je ne me trompe, que, quel que soit le centre actif, le conscient et l'inconscient *coexistent toujours et partout*, mais qu'ils *prédominent* tantôt l'un, tantôt l'autre, conformément à un ensemble de conditions, à une loi, que je vais maintenant tâcher d'élucider.

## II

La physiologie générale démontre que le tissu nerveux, fibres et cellules, ne fait point exception à la loi biologique universelle, d'après laquelle, dans la vie, la période d'activité est la période de désorganisation, suivie nécessairement et pas à pas de réparation, — sans quoi la vie serait la mort. Mon point de départ était donc donné : les éléments nerveux se désintègrent en fonctionnant et se réintègrent immédiatement après : de sorte que tout acte nerveux a une phase désintégrative et une phase réintégrative. Cette dernière s'accomplit selon la modalité de la désintégration qui l'a précédée.

Il se présente dès lors une première question : à laquelle de ces deux phases est-ce que la conscience est liée ? Pour répondre à cette question, il n'y a point d'expérience possible ; seule l'observation peut nous guider ; mais elle nous guide sûrement et parle si clair qu'il n'y a pas à s'y tromper : l'intégration et la réintégration des centres nerveux sont absolument inconscientes. Nul n'a conscience du développement embryonnaire de son cerveau, ni de l'apparition ou de l'évolution de ses organes cérébraux, qui procèdent à son insu, comme sa croissance, comme la nutrition de ses muscles et de ses os. Une fois développés, les éléments centraux sont ébranlés par les impressions incidentes, que les conducteurs centripètes leur amènent ; ils entrent en activité.

L'activité désintègre l'organe central et le fatigue ; la fatigue est la mesure de la décomposition fonctionnelle ; la fatigue du cerveau produit le sommeil ; pendant le sommeil, il se repose, c'est-à-dire il se réintègre ; la fraîcheur qui en résulte est la mesure de la réparation accomplie. Or, nous sommes conscients à l'état de veille, inconscients quand nous dormons profondément ; voilà une première indication, très grossière, du lien qui unit la conscience à la désorganisation des éléments actifs. Je montrerai plus loin que cette intermittence subsiste dans chaque acte central pris isolément ; le cerveau peut, en effet, être comparé à une salle fournie d'un nombre immense de becs de gaz, mais éclairée seulement par un nombre relativement petit et relativement constant de becs allumés, *qui ne sont pas toujours les mêmes ;* au contraire, ils changent à chaque instant : à mesure que les uns s'éteignent d'autres s'allument ; jamais ils ne sont tous allumés ; de temps en temps ils sont tous éteints.

Ainsi, *la conscience est liée exclusivement à la phase désintégrative des actes nerveux centraux.*

Cela posé, vient la seconde question : est-ce que *toute* désintégration est consciente ? Evidemment non, puisque les actes automatiques sont subconscients ou inconscients, quoi qu'ils soient, eux aussi, accompagnés de désorganisation ; le gaz peut aussi brûler sans donner de lumière ou en ne donnant qu'une petite flamme bleuâtre presque invisible. Eh bien, l'observation démontre que si, d'une part, les actes qui fatiguent le plus, qui donnent la plus grande quantité de produits de décomposition, qui, en un mot, désintègrent le plus, sont les moins automatiques et les plus conscients, d'autre part, les actes qui fatiguent le moins, qui s'accomplissent avec le minimum de décomposition fonctionnelle, sont justement les moins conscients et les plus automatiques. Il paraît donc que la désintégration ne produit la conscience que lorsqu'elle a une certaine intensité. Ici l'expérience devient possible, guidée et illuminée, bien entendu, par le contrôle indispensable de l'observation interne ; c'est pour cela que la plupart de ces expériences doivent être faites sur l'homme et qu'on ne doit avoir recours aux animaux que dans le cas d'absolue nécessité. Je veux parler des expériences sur la durée des actes psychiques et sur la calorification centrale. Tout acte central est nécessairement lié à la production d'une certaine quantité de chaleur ; la chaleur produite est une des expressions de la désorganisation fonctionnelle. Malheureusement, les expériences qui se rapportent à ce sujet ne peuvent pas être faites sur l'homme avec la précision voulue, mais les admirables recherches de Schiff sur les animaux ont jeté une vive lumière sur les rapports de la thermogénèse centrale avec l'activité psychique. Je rappellerai seulement ici que le dégagement de chaleur est d'autant plus considérable que l'impression reçue par l'animal est apte, pour une raison quelconque, à attirer son attention, c'est-à-dire à produire une *vive conscience* d'elle-même; si, au contraire, l'impression le laisse indifférent, c'est-à-dire si elle passe inaperçue ou à peu près et n'éveille que *peu ou point de conscience*, il ne se produit que fort peu de chaleur; c'est ainsi que l'influence de la même impression, répétée plusieurs fois, s'émousse rapidement, et l'on n'obtient bientôt que le minimum de calorification, dû au simple fait de la transmission nerveuse.

Ces faits indiquent clairement que les actes centraux, accompagnés de la conscience la plus vive, sont précisément ceux qui entraînent une décomposition plus étendue et une calorification plus grande, et que par conséquent, *l'intensité de la conscience est en rapport direct avec l'intensité de la désintégration fonctionelle.*

Maintenant qu'est-ce qui caractérise les actes centraux accompagnés de la conscience la moins vive ou tout à fait inconscients? Nous l'avons déjà dit : c'est une décomposition et une calorification réduite au minimum : mais c'est encore, et surtout, une transmission relativement très-rapide. En effet, tout acte nerveux central exige un certain temps pour s'accomplir; la répétition, l'exercice, l'habitude diminuent ce temps, le réduisant à la moitié, au tiers de ce qu'il est au commencement; il est à son maximum lorsque l'acte à accomplir est nouveau pour le sujet et éveille par conséquent une conscience très intense des sensations qui le provoquent, l'accompagnent et le suivent; il diminue au fur et à mesure que l'acte devient habituel et se rapproche par là de l'état automatique; il est à son minimum lorsque l'acte est devenu tout à fait automatique et s'accomplit inconsciemment. Ici je puis ajouter, comme une goutte à l'océan, quelques expériences que me sont propres. Je voulais constater sur l'homme que les réactions automatiques inconscientes sont réellement et de beaucoup plus rapides que les réactions conscientes volontaires les plus simples; c'est un fait d'expériences quotidiennes; mais il était bon de constater la vitesse relative des deux espèces de réactions. J'ai longtemps cherché la méthode, car il n'est pas facile d'avoir des réactions automatiques enregistrables chez l'homme; enfin l'idée me vint d'utiliser dans ce but *les cors aux pieds*. Le sujet devait retirer *la main et le pied* avec la ferme volonté de les retirer *simultanément*, à l'instant même où il percevait la sensation tactile que je produisais en touchant légèrement son cou de pied, après avoir bien établi que, sauf les premiers essais, toujours incertains, l'individu retire régulièrement *la main un peu avant le pied*, je frappais, sans l'avertir, un petit coup sec sur un cor douloureux : le pied se retirait alors *avant la main*, à tel point que souvent l'individu pouvait lui-même constater que, au moment où il retirait volontairement et consciemment la main, son pied s'était déjà « *depuis longtemps retiré tout seul* », c'est-à-dire involontairement et inconsciemment.

Ainsi, puisque les actes automatiques sont caractérisés par le peu de désorganisation et de calorification qui les accompagne et surtout par la rapidité de leur accomplissement, il s'ensuit que *l'intensité de la conscience est en rapport inverse avec la facilité et la rapidité de la transmission centrale.*

Les trois résultats partiels que nous avons obtenus directement de l'observation et de l'expérience, réunis ensemble, constituent ce que j'ai appelé *la loi physique de la conscience* ; elle peut être formulée de la manière suivante : *La conscience est liée exclusivement à la désintégration fonctionnelle des éléments nerveux centraux ; son intensité est en proportion directe de cette désintégration, et, simultanément, en proportion inverse de la facilité avec laquelle chacun de ces éléments transmet à d'autres la désintégration qui s'empare de lui et avec laquelle il rentre dans la phase de réintégration.*

### III

Voyons, à présent comment cette loi s'applique au fonctionnement des différents centres nerveux.

Dans la journée, à l'état de veille, nous sommes continuellement exposés à toutes les impressions que notre constitution nous permet de recevoir du monde extérieur et des différentes parties de notre organisme. Ces impressions mettent en émoi tantôt l'une, tantôt l'autre région de nos centres nerveux, c'est-à-dire y provoquent une désintégration, fluctuante quant aux éléments intéressés, mais en elle-même continue, et qui l'emporte de beaucoup sur la réintégration ; aussi sommes-nous continuellement conscients tantôt d'une chose, tantôt d'une autre. Toutes les excitations qui ne se transmettent pas trop rapidement, automatiquement, d'un élément à l'autre, ou qui rencontrent dans les éléments qu'elles envahissent une résistance suffisante pour ne pas leur permettre de passer outre sans s'arrêter, toutes celles enfin qui ont une énergie suffisante pour ne pas s'épuiser au seuil de l'élément central, pour en forcer l'entrée et pour mettre en branle son intérieur, éveillent chacune son *quantum* de conscience, qui va se fondre avec celle des autres éléments simultanément désintégrés, former la *panesthésie* ou conscience totale de l'individu à ce moment-là, quel que soit d'ailleurs le contenu de cette conscience, qu'elle soit personnelle ou impersonnelle (¹). Le soir, lorsque l'usure du système nerveux a atteint certaines limites, nous sommes en proie à un sentiment de fatigue, au besoin de dormir; les sens s'émoussent, les impressions externes ne suffisent plus pour ébranler les centres nerveux qui ont besoin d'être drainés et irrigués; les flammes cérébrales s'éteignent l'une après l'autre, et nous nous endormons. Or, pendant le sommeil, pendant cette périodique prépondérance de la réintégration sur la désintégration, nous sommes inconscients.

Et les rêves, dira-t-on? Mais que sont les rêves, sinon des irruptions sporadiques d'activité désintégrante dans les périodes de travail réintégrant? Soit, en effet, qu'une région du cerveau, ayant travaillé *moins* que les autres, entre en vibration pour son propre compte, à la suite d'impressions trop faibles pour faire vibrer les régions fatiguées, et produise les états de conscience correspondants, soit qu'une région du cerveau, ayant travaillé *plus* que les autres, continue à être le siège d'une vibration incomplètement apaisée, et éveille des échos plus ou moins clairs des représentations correspondantes, soit enfin que ces deux procédés se combinent entre eux et se mêlent aux représentations évoquées par l'état des viscères pour fournir les associations variées, étranges et absurdes qui constituent la trame des rêves, — toujours est-il que nous ne

---

(¹) Je propose ce nom de *panesthésie* pour exprimer *la totalité de ce qu'un individu sent à un moment donné:* on désigne souvent la même chose par le mot de *cœnesthésie;* mais il me paraît étymologiquement moins adapté parce que toute la conscience peut être occupée par une seule sensation, et psychologiquement parce que souvent on l'emploie pour indiquer l'ensemble des sensations viscérales ou organiques.

sommes conscients que de la désintégration cérébro-psychique et nullement de la réintégration.

Au lieu de l'intermittence totale de la conscience, due au sommeil profond, examinons ses intermittences partielles à l'état de veille. Vous lisez un chapitre qui vous intéresse, ou bien vous assistez à une leçon importante, ou bien encore vous réfléchissez en silence à un problème qui vous préoccupe : certaines régions de vos centres nerveux subissent une désintégration profonde et étendue, causée par les impressions multiples qui les frappent et par les innombrables sensations réflexes qu'elles éveillent : vous êtes vivement conscient de ce qui se passe en vous. Mais, au bout de quelque temps, cette occupation vous fatigue ; vous la suspendez pour aller prendre un repas ou pour faire une promenade ; ou bien, pour une raison quelconque, peut-être inaperçue, votre activité psychique se porte sur d'autres régions du cerveau et laisse le champ libre à la réintégration des parties qui viennent de travailler ; immédiatement vous perdez toute conscience de l'activité précédente, pour n'être conscient que de l'activité actuelle. En attendant, la réintégration s'accomplit, vous êtes reposé, vous revenez à votre occupation première et, dès que les vibrations fonctionnelles s'emparent de nouveau des parties réintégrées, le contenu de votre conscience redevient ce qu'il était toute à l'heure, —mais avec une modification : vous *reconnaissez* maintenant, ce que vous avez *connu* tout à l'heure ; vous trouvez le chaos d'impressions, reçues alors, dûment associé en un tout harmonique ; c'est que la réintégration a eu lieu selon la modalité de la désintégration qui l'a précédée ; vous êtes en possession d'une synthèse, d'une conclusion nouvelle, d'une idée qui ne voulait pas venir et qui, à présent, vient toute seule ; vous avez appris quelque chose, vous avez acquis une faculté nouvelle ; et tout cela sans la moindre conscience de la réintégration à laquelle vous devez ce progrès.

Renfermons-nous dans des limites encore plus étroites. Au moment même où vous lisez un chapitre, vous n'avez conscience, à chaque instant, pris isolément, que de la phrase que vous êtes *en train* de lire et point de celle que vous *venez* de lire ; c'est que cette dernière a déjà passé de la phase désintégrative à la phase réintégrative ; et si, à la fin du chapitre, vous en possédez le contenu dûment coordonné, c'est grâce à la réintégration inconsciente de la série de désintégrations conscientes qui se sont suivies. La même chose peut se dire de chaque mot qui entre dans la composition d'une phrase; cela est évident chez les personnes peu familières avec le sujet de leur lecture ou avec la langue dans laquelle elles lisent; la même chose peut se dire encore de chaque lettre qui entre dans la composition d'un mot: cela est évident chez les individus qui sont en train d'apprendre à lire. Si nous remontons cette échelle en sens inverse, nous voyons que, tandis que l'impression de chaque lettre produit, *chez celui qui apprend à lire,* une désintégration consciente, quelque passagère qu'elle soit, il cesse d'en être conscient au moment où la réintégration prend le dessus, la conscience passe alors au mot considéré comme un tout et pris comme signe ou symbole d'un groupe d'associations. Chez celui qui sait lire couramment, ce n'est plus *chaque lettre,* mais *chaque mot* qui produit une désintégration consciente, immédiatement remplacée par celle du mot suivant; avec un peu plus d'habitude, il n'a plus conscience de la désintégration partielle produite par chaque mot, car elle passe trop vite et trop facilement à la phase réintégrative; la conscience des mots se fond en un ensemble, d'où résulte l'intelligence du sens de la *phrase,* prise comme un tout et considérée comme l'expression d'une série d'associations plus complexes. Enfin chez celui qui non seulement sait très bien lire et connaît très bien la langue dans laquelle il lit, mais qui est familier avec le sujet de sa lecture, la même chose arrive par rapport aux phrases entières; à force d'exercice et d'habitude, la désintégration consciente produite par chacune d'elles passe si rapidement et si facilement à la phase de réintégration qu'il n'en a pas conscience; mais il a conscience de la désintégration extrêmement complexe, que l'impression des phrases successives communique, avec une vitesse extrême, à d'autres éléments nerveux, conformément aux lois de l'association des idées: tout en lisant, il réfléchit au sens de ce qu'il lit, c'est-à-dire que sa conscience se manifeste tour à tour dans les éléments ou groupes d'éléments nerveux que la marche des associations met en branle et s'éteint au fur et à mesure dans ceux qui ont transmis à leurs voisins la phase désintégrative pour passer eux-mêmes à la phase réintégrative de leur activité.

A chaque instant de notre vie, chacun des inombrables éléments nerveux qui sont appelés à agir oscille sans cesse entre la désintégration et la réintégration, entre la conscience et l'inconscience. La panesthésie, personnelle ou impersonnelle, que nous avons à un moment donné est la résultante ou plutôt la somme algébrique des phases désintégratives conscientes de toutes ces activités partielles. La conscience (c'est toujours de la conscience en *général* qu'il s'agit ici, et non de la conscience du *moi*) est continue, grâce en partie à la continuité du processus de désintégration fonctionnelle et à ce que les états de conscience, tout en passant d'un groupe d'éléments centraux à un autre, sont toujours reliés entre eux par telle ou telle autre forme d'association, et sont, à ce point de vue, réellement la continuation les uns des autres; et, en partie, grâce à la reviviscence d'états de conscience passés, consolidés ou rendus latents par la réintégration, et dégagés de nouveau, dès qu'une onde désintégrative vient les tirer de leur repos. Ce sont ces nombreuses vibrations et *revibrations* isolées, qui se fondent en cet accord unifiant, que nous appelons notre panesthésie, et que nous possédons sans interruption tant que nous veillons; il n'y a dans cette conscience totale de solution de continuité que lorsqu'il y a arrêt dans la désintégration névro-psychique: durant le sommeil profond, durant la syncope et durant la léthargie.

Il me paraît suffisamment clair que la loi que je propose s'applique parfaitement à l'activité psychique des centres corticaux.

Je dois maintenant montrer qu'elle s'applique également bien aux centres subalternes, sensorio-moteurs et spinaux. Mais, avant d'aborder ce sujet, je tiens à me prémunir contre le reproche de déroger ici aux règles de la méthode inductive, en concluant du complexe au simple, c'est-à-dire, dans notre cas, en appliquant aux centres subalternes une conclusion tirée de l'observation des centres supérieurs, au lieu de procéder à rebours. Je suis forcé de procéder ainsi, par la nature même du problème, sous peine de renoncer à le traiter: comme c'est de la *subjectivité* des phénomènes centraux qu'il s'agit, il est impossible d'en chercher les conditions là où nous n'avons aucun moyen direct d'en constater la présence ou l'absence; or, par rapport aux centres subalternes nous sommes réduits exclusivement à l'observation *objective*, qui ne peut en aucune façon nous renseigner sur la subjectivité des changements qui se passent en eux; aussi tout ce que nous pouvons conjecturer quant à la conscience ou à l'inconscience des réactions motrices fournies par les centres subalternes, les seules qui nous soient accessibles, ne prend un certain degré de probabilité que lorsque nous étudions ces réactions avec l'aide de ce que l'observation sujective nous enseigne relativement à la conscience ou à l'inconscience des centres corticaux.

C'est pour n'avoir pas suivi cette voie que les savants se trouvent en désaccord complet sur la présence ou l'absence de la subjectivité dans les centres sensorio-moteurs et surtout dans la moelle épinière. Commençons par celle-ci.

Tandis que les uns adoptent la doctrine de Marshall-Hall, d'après laquelle l'activité de la moelle épinière est *essentiellement différente* de celle du cerveau, absolument inconsciente et purement mécanique ; les autres, et notamment Maudsley et Lewes, soutiennent au contraire que l'activité de tous les centres nerveux est *essentiellement identique;* mais, nous le savons, avec cette différence radicale, que d'après Maudsley la conscience est dans tous les cas un phénomène *accessoire, généralement absent*, tandis que d'après Lewes elle est, dans tous les cas, un phénomène *nécessaire, généralement présent*.

Voici les faits en discussion :

Si, à une grenouille décapitée, on met une goutte d'acide sur la peau de la région lombaire, on voit immédiatement la patte du côté correspondant se mettre en mouvement et venir frotter et gratter le point irrité par l'acide; si on répète l'expérience après avoir amputé la patte, l'application de l'acide met la grenouille dans une agitation évidente, elle fait des tentatives inutiles avec le moignon amputé, hésite, s'arrête, semble réfléchir et finit par se servir de l'autre patte pour essuyer l'acide. Pfluger fut tellement frappé par ce phénomène qu'il attribua aux réflexes médullaires non seulement la conscience, mais encore l'intelligence et la volonté; ces idées furent adoptées par Auerbach en Allemagne, et par Lewes en Angleterre. Mais, dès 1858, Schiff se prononça contre cette interprétation; il eut le mérite de reconnaître, d'une part, que les faits observés sur l'homme à la suite des lésions traumatiques de la moëlle *ne permettent pas de conclure à l'inconscience de la moëlle épinière*, car, dans ce cas, la communication nerveuse entre la moëlle et le cerveau étant interrompue, ce dernier ne peut en aucune façon percevoir ce qui se passe dans la moëlle; c'est exactement comme si ces deux organes appartenaient à deux individus; le cerveau de Paul ne sait pas ce qui se passe dans la moëlle de Pierre; et, d'autre part, que les réactions visibles étant le seul signe objectif qui nous révèle la présence d'une sensation consciente dans un organisme quelconque, hormis le nôtre, nous n'avons aucun droit de refuser à la moëlle épinière toute trace de conscience; mais, quelque soit le degré de conscience qu'elle possède, nous pouvons en vertu du raisonnement suivant refuser aux réactions spinales la qualité d'*intentionnelles ou volontaires* ; en effet, nous appelons ainsi les mouvements dont nous avons *une représentation anticipée*, dont nous prévoyons la forme, l'énergie, la marche et l'effet ; mais la moëlle épinière d'un animal décapité *ne peut pas* avoir ces représentations puisque la destruction de tout centre sensoriel entraîne l'abolition des représentations correspondantes et que la décapitation est la destruction simultanée de tous ces centres; la moëlle est donc privée des matériaux psychiques qui, combinés en un tout, confèrent à un mouvement donné le caractère particulier que nous indiquons par le mot « volontaire. » Tant il est vrai que nous n'appelons plus ainsi un mouvement qui, malgré l'intégrité des centres nerveux, s'accomplit en l'absence de tout cet ensemble de représentations, sans prévision et sans conscience : nous l'appelons automatique. Je dirai plus : les exemples de mouvements inconscients *accomplis par nous-mêmes* me paraissent être les seuls valables pour soutenir la possibilité d'une réaction nerveuse inconsciente quelconque.

Ce raisonnement s'applique parfaitement aux centres sensoriomoteurs; ils sont accessibles à toute la multiplicité des impressions que l'organisme peut recevoir du monde externe par les organes des sens et réagissent par conséquent par des séries ou des groupes de mouvements aux séries et aux groupes d'impressions qui les frappent. Ainsi, par exemple, un pigeon privé des hémisphères se tient debout par terre ou perché sur un bâton, se maintient en équilibre si on tourne le bâton sur son axe, se relève si on le couche sur le dos, vole si on le jette en l'air et ne *retombe* pas après avoir volé, mais *se pose* sur un objet quelconque, et ainsi de suite; dans quelques cas favorables il finit même par apprendre à manger tout seul; il continue alors à vivre et se comporte à peu près comme

2

un pigeon normal, avec cette différence qu'il se montre plus apa-
thique, qu'il manifeste moins d'initiative, qu'il semble « manquer
de spontanéité, » comme dirait A. Bain. Vu l'analogie entre les
actes idéo-moteur et les actes sensorio-moteurs beaucoup plus
grande qu'entre les premiers et les réactions spinales, nous pour-
rons donc conclure *a fortiori* que l'opinion, selon laquelle l'activité
de ces centres serait inconsciente, est insoutenable.

Or, quel est le degré de conscience que nous pouvons attribuer
à la moëlle épinière et aux ganglions sensorio-moteurs? Par *degré*,
j'entends simultanément la quantité et la qualité de la conscience,
c'est-à-dire son intensité et la dignité psychique de son contenu.

Le hasard m'a fourni à ce sujet des informations que je crois
importantes : pendant une certaine époque de ma vie, j'ai souffert
de fréquentes syncopes et j'ai eu l'occasion d'observer sur moi-
même la phénoménologie psychique du retour à la conscience après
l'évanouissement. Pendant la syncope, c'est le néant psychique
absolu, l'absence totale de toute conscience ; puis, on commence à
avoir un sentiment vague, illimité, infini, un sentiment d'existence
*en général*, sans aucune délimitation de sa propre individualité, sans
la moindre trace d'une distinction quelconque entre le moi et le
non-moi; on est alors « une partie organique de la nature » ayant
conscience du fait de son existence, mais n'en ayant aucune du fait
de son unité organique; on a, en deux mots, une *conscience impersonnelle*. Ce sentiment peut être agréable si la syncope n'est pas due
à une violente douleur, et très désagréable si elle l'est; c'est la
seule distinction possible : on se sent vivre et jouir ou vivre et
souffrir, sans savoir pourquoi on jouit ou on souffre et sans savoir
ce qui est le siège de ce sentiment. Un grand nombre de faits rendent probable que, dans cette phase du réveil, les extrémités peuvent déjà exécuter des réflexes spinaux en réponse à des irritations
tactiles ou douloureuses; mais les centres céphaliques sont certainement encore incapables d'entrer en activité. A la suite de cette
première observation, je crois que la moëlle épinière, subitement
séparée des centres céphaliques par la décapitation, se trouve réduite à cette forme élémentaire de sensation, sans aucun discernement, sans localisation, sans connaissance des différentes parties du
moi, ni de ce moi lui-même, et accompagnée seulement d'une cons-

cience vague, diffuse, impersonnelle. Telle est aussi, sans doute, la seule forme de conscience que nous puissions admettre chez les êtres infimes qui manquent d'organes spéciaux; c'est en outre la seule que les savants attribuent de commun accord au nouveau-né, avant qu'il n'ait eu le temps de se former, grâce à l'éducation des sens et à l'association des impressions, la topographie de la surface de son corps et d'apprendre à en distinguer les différentes parties les unes des autres et des objets qui ne lui appartiennent pas. Je crois, par conséquent, que la moëlle épinière d'un animal décapité réagirait à une impression quelconque *indifféremment* par un mouvement quelconque, peut-être par une série de contractions désordonnées de tous les muscles (comme elle le fait très souvent chez le nouveau-né), si elle ne contenait pas un grand nombre de communications directes des nerfs afférents avec les nerfs efférents, communications développées antérieurement pendant l'évolution séculaire des êtres vivants et devenues héréditaires, ou bien acquises par l'individu lui-même, — mais en tout cas *préformées*, c'est-à-dire prêtes à réagir immédiatement d'une manière déterminée à une irritation déterminée. Je crois enfin que dans les cas relativement simples, ceux dans lesquels la moëlle donne une réaction immédiate et restreinte, à un stimulus particulier, en vertu d'un mécanisme préformé, la conscience spinale est réduite au minimum d'intensité ou à zéro; car alors la transmission du stimulus s'accomplit avec le maximum de rapidité et de facilité par des voies nerveuses parfaitement aplanies; au contraire, dans les cas relativement compliqués, comme celui de la grenouille décapitée, à laquelle on ampute une jambe pour l'obliger à exécuter des réactions moins automatiques, ou comme celui des tritons de Flourens, dont les extrémités postérieures, après une section totale de la moëlle, *apprenaient* peu à peu à coordonner leurs réactions irrégulières avec les mouvements de la locomotion, dans ces cas, dis-je, la conscience spinale atteint son maximum d'intensité; parce que, dans ces cas, les éléments centraux offrent une résistance considérable au stimulus qui, ne trouvant point de débouchés tout prêts, s'irradie et produit une désintégration étendue, profonde et durable, jusqu'au moment où il réussit à se frayer des voies nouvelles, dûment adaptées aux circonstances insolites; ces voies, une fois suffi-

samment aplanies, tout l'acte s'accomplira plus vite, plus facilement,
plus automatiquement, moins consciemment. Mais il ne faut pas
oublier que nous avons toujours parlé d'animaux décapités ; chez
l'animal normal il n'en est pas exactement ainsi : si une excitation
qui frappe la moëlle épinière n'est pas immédiatement et *toute entière*
transmise et déchargée sous forme de réaction automatique, rien
ne l'oblige de s'arrêter dans la moëlle et d'y travailler au défrichement de nouveaux territoires centraux ; au contraire : elle file alors
directement sur les centres encéphaliques ; il s'ensuit que chez
l'animal intact la conscience spinale ne sera jamais appelée à se
manifester, sauf quelques cas exceptionnels, comme celui des animaux qui manquent de centres encéphaliques, *l'amphioxus*, par
exemple ; il est évident que chez de tels animaux la moëlle doit
accomplir toutes les fonctions dévolues aux centres nerveux ; mais,
pendant le cours de l'évolution des êtres vivants, la partie antérieure
de la moëlle prend un développement extraordinaire et devient
l'encéphale ; les attributions centrales suivent la même marche ;
elles abandonnent peu à peu les centres spinaux qui deviennent de
plus en plus subalternes et finissent par n'être plus que des organes
de transmission et de quelques actes réflexes définitivement organisés ; les attributions centrales deviennent peu à peu le privilège
de plus en plus exclusif des nouveaux organes encéphaliques qui
seuls offrent une complexité et une spécialisation de structure aptes
à correspondre aux besoins de plus en plus variés d'un organisme
de plus en plus compliqué. Il s'ensuit que la conscience spinale doit
être plus intense chez les vertébrés inférieurs et moins intense chez
les supérieurs ; elle doit être à son maximum chez l'amphioxus et à
son minimum chez l'homme.

Passons maintenant aux centres sensorio-moteurs de la base du
cerveau. J'ai déjà dit que l'observation des animaux privés de lobes
cérébraux nous conduit dans la plupart des cas à la conclusion
que les mouvements qu'ils exécutent en apparence sans intelligence
et sans volonté, ne sont pourtant pas inconscients ; au contraire,
l'analogie, et surtout les arguments que nous avons cités à l'appui
de la conscience spinale, nous obligent à les considérer comme des
réactions habituellement conscientes. Maudsley lui-même, si porté
à nier la conscience partout où il est possible de la nier, et si disposé

à considérer les animaux comme des machines inconscientes, — est forcé de reconnaître, malgré quelques contradictions, sur lesquelles je reviendrai plus loin, que, pour le moins chez les vertébrés supérieurs, les centres sensorio-moteurs jouissent d'un certain degré de conscience ; « ils sont, dit-il, des organes d'une dignité presque égale à celle des centres corticaux et sont indispensables pour le développement de la fonction de ces derniers, avec lesquels ils se trouvent dans des rapports fonctionnels tellement intimes qu'une séparation entre les uns et les autres doit apparaître comme une pure abstraction ; il se peut par conséquent que les centres sensoriels possèdent jusqu'à un certain point la propriété qui n'arrive à son plein développement que dans les centres supérieurs. » Pour la même raison il leur accorde, quoique mal volontiers, ce qu'il appelle « *une espèce de perception sensorielle* » qui serait le germe ou le rudiment de la perception intellectuelle, privilège exclusif des centres corticaux. Ce n'est donc plus le *fait de la conscience* qui est mis en doute ici, il s'agit d'une distinction bien plus subtile, se rapportant à la *qualité* du contenu de la conscience ; voyons si l'étude de la marche ultérieure du réveil après une syncope, nous permettra de déterminer cette qualité.

Au milieu du chaos de la première phase qui est caractérisée, comme on se rappelle, par une conscience confuse, impersonnelle, sans aucune trace de localisation, sans aucun discernement de sensations définies, se dessinent peu à peu des différences vagues et obscures ; on commence à voir et à entendre ; mais ce qu'il y a de fort curieux, c'est que les sons et les couleurs semblent naître dans l'intérieur même du sujet, sans qu'il ait la moindre idée de leur origine externe ; de plus, il n'y a aucun lien entre les différents sons et les différentes couleurs, chacune de ces sensations est sentie isolément ; il en résulte une confusion inexprimable, accompagnée d'une véritable stupéfaction de l'individu ; à ce moment les centres sensoriels sont redevenus sensibles, mais ils le sont seulement aux impressions qui proviennent *directement de l'extérieur*, chacun pour son propre compte ; l'action réflexe intercentrale n'est pas encore rétablie, les différentes sensations ne se combinent pas entre elles ; il s'ensuit ce manque total de localisation, de distinction du moi d'avec le non-moi et de projection au dehors de l'origine des impressions ; on a des sensations *stupides*, si je puis m'exprimer ainsi ; c'est-à-dire des sensations qui, justement parce qu'elles restent isolées, ne peuvent pas être *connues*, mais seulement *senties*.

Vient ensuite le rétablissement des réflexes intercentraux : leur fonctionnement se fond en ce qu'on nomme le *sensorium commune ;* les différentes sensations commencent à influer les unes sur les autres et, partant, à se déterminer, à se définir, à se localiser réciproquement, et il en résulte l'apparition nette de la conscience *de l'unité du moi;* mais cette conscience n'est, elle aussi, au premier moment qu'un sentiment inintelligent qui exprime seulement le fait de l'unité organique du sujet et d'où une notion claire des rapports de celui-ci avec ce qui l'entoure est encore tout à fait absente. Dans cette phase du réveil, je sentais clairement *que j'étais moi* et que mes sensations auditives et visives provenaient d'objets qui ne faisaient pas partie de moi ; mais je ne comprenais nullement ce qui arrivait, ni ce qui s'était passé : pourquoi je me trouvais là, étendu par terre ou sur un sofa, ni pourquoi les personnes présentes m'entouraient avec empressement, me déboutonnaient le col de la chemise, me jetaient de l'eau fraîche au visage ; c'est que ce sont là des perceptions complexes d'un ordre plus élevé, de vraies perceptions intellectuelles qui résultent du travail synergique des centres corticaux ; elles ne peuvent donc réapparaître qu'avec le rétablissement complet de ces centres, qui sont les premiers à souffrir et les derniers à reprendre leur intégrité fonctionnelle ; aussi, à un moment donné, au bout d'un laps de temps variable mais toujours appréciable, rempli par l'étrange stupeur que j'ai décrite, la nutrition des centres corticaux ayant repris son cours normal, ceux-ci se rétablissent tout à coup ; au même moment l'esprit est traversé par la pensée suivante, comme par un éclair : « Ah, c'est de nouveau un évanouissement ! » A partir de ce moment, l'intelligence est complètement rétablie, elle saisit les rapports compliqués de la situation et reprend la direction qu'une insuffisance momentanée de la nutrition du cerveau lui avait enlevée.

Or, que pouvons-nous déduire de ces observations ? En premier lieu il paraît évident que les centres sensoriels pris isolément, peuvent être conscients chacun de son genre particulier de sensations, mais seulement, comme je l'ai dit, d'une manière stupide, c'est-à-dire sans combinaisons ou interférences entre les différentes sensations, par conséquent sans leur localisation, par conséquent encore, sans projection de leur origine en dehors du moi, par conséquent enfin sans distinction entre le moi et le non-moi. En second lieu que les centres sensoriels, réunis en *sensorium commune* (sinon anatomiquement, du moins fonctionnellement, comme mécanisme de l'action réflexe intercentrale, de la synthèse des différentes sensations spécifiques d'origine externe, ainsi que de l'évocation interne de sensations réflexes se produisant les unes les autres) — peuvent être conscients d'une manière élémentairement rationnelle ; non seulement ils peuvent *sentir*, mais ils peuvent *savoir* que ce qui sent n'est pas ce qui produit la sensation, ils peuvent par conséquent avoir la conscience individuelle sous sa forme la plus élémentaire, en tant que sentiment de l'unité du moi, mais ne peuvent pas se former une notion des rapports de ce moi avec ce qui l'entoure, ni comprendre les circonstances au milieu desquelles il se trouve.

On voit dans tout cela une grande analogie avec ce qui se passe dans la moëlle épinière d'un animal décapité : très probablement chez un animal privé seulement des *hémisphères cérébraux*, les centres sensorio-moteurs ne pourront d'abord accomplir que certains actes qui, quelque complexes qu'ils nous semblent, sont dus à un mécanisme préformé héréditaire ou acquis ; leurs réactions seront par conséquent dans la grande majorité des cas automatiques, peu ou point conscientes ; mais de même que la moëlle épinière, dans certains cas favorables, par exemple chez les salamandres de Flourens, peut apprendre à exécuter des réactions qui, au commencement, lui étaient impossibles, de même les centres sensorio-moteurs apprennent dans certains cas (à dire vrai assez rares), par exemple chez les pigeons privés des hémisphères, à exécuter tous les mouvements coordonnés nécessaires pour le maintien de la vie de l'individu ; et il n'est pas douteux que pendant la période d'apprentissage leur conscience doit être portée au maximum d'intensité dont elle est capable, pour diminuer ensuite au fur et à mesure que les nouvelles associations, à force de répétitions et d'exercices, aplanissent les voies nerveuses et rendent la transmission intercentrale rapide et facile. Pour peu qu'on y réfléchisse, on verra que je ne fais pas ici un usage impropre du mot *apprendre;* il suffit en effet de se rappeler l'analogie parfaite qu'il y a entre la genèse d'une association motrice et celle d'une association d'idées ; dans les deux cas il s'agit de réflexes intercentraux en train de s'organiser ; une fois organisés, ils constituent une faculté ; celle-ci, à force d'habitude, peut arriver à fonctionner inconsciemment ; le processus est identique dans les deux cas. Maudsley a bien raison d'insister sur cette analogie ; il fait le parallèle suivant entre l'acquisition d'une série ou d'un groupe de mouvements coordonnés et l'acquisition d'une série ou d'un groupe de sensations réflexes corticales, c'est-à-dire d'idées : les idées, comme les mouvements coordonnés, sont le résultat « constitutionnel » du milieu, de l'exercice, de l'éducation ; les idées d'un enfant sont, comme ses mouvements, instantanées, indécises, passagères, désordonnées ; les idées, comme les mouvements, se combinent en groupes ou en séries d'autant plus indissolubles, qu'ils sont plus souvent mis en jeu ; une fois combinées, elles ne se produisent les unes séparément des autres, qu'avec difficulté et deviennent même généralement tout à fait inséparables ; les idées, comme les mouvements, deviennent par l'exercice de plus en plus faciles à évoquer et finissent par apparaître inconsciemment ; enfin les idées, en se répétant plusieurs fois de suite, fatiguent les organes impliqués dans leur production, exactement comme des mouvements trop prolongés fatiguent les muscles. — Les centres sensorio-moteurs étant capables de perfectionner leurs réactions motrices doivent être capables de perfectionner aussi leur intelligence rudimentaire ; mais il est probable que, de même que pour la moelle épinière, cette intelligence, ainsi que la conscience même du *sensorium commune*, n'est que très rarement appelée à agir chez l'animal normal, puisque, toutes les fois que toute l'énergie d'un stimulus quelconque n'est pas immédiatement et automatiquement restituée en entier au monde externe sous forme de mouvement musculaire, elle ne s'arrête pas dans les centres subalternes pour y frayer de nouvelles voies, mais se rend directement à la couche corticale. Cette prépondérance des centres corticaux va de pair avec le grade zoologique de l'animal et, à mesure qu'elle augmente, les cas douteux pour lesquels il n'existe point de mécanisme prêt à agir immédiatement, qui demandent de la réflexion, passent de plus en plus à la compétence exclusive des centres corticaux ; il s'ensuit

que la conscience, l'intelligence et la volonté abandonnent de plus
en plus les centres subalternes et se concentrent de plus en plus
dans les centres supérieurs; par conséquent l'activité des centres
sensorio-moteurs aura son maximum de conscience, d'intelligence
et de volonté chez les vertébrés inférieurs, ou chez les animaux
tout à fait ou presque tout à fait privés d'hémisphères cérébraux
et ces facultés seront, contrairement à l'opinion de Maudsley,
réduites au minimum chez les vertébrés supérieurs — surtout chez
l'homme.

Il est facile de voir que le rapport entre la conscience et la désintégration fonctionnelle des éléments nerveux, tel que je l'ai indiqué
au commencement, subsiste pour les centres sensorio-moteurs, de
même que pour les centres corticaux et la moelle épinière. En
négligeant ce rapport les esprits les plus lucides tombent inévita-
blement dans la contradiction. Nous avons vu que Maudsley considère les centres sensoriels comme des organes d'une dignité presque
égale à celle des centres corticaux; eh bien, ailleurs, il dit que
le fait que les animaux artificiellement privés de leurs hémisphères, crient quand on les irrite, ne prouve pas que ces animaux
*sentent la douleur*, mais seulement *qu'ils crient comme s'ils la sen-
taient*; à cela je réponds que le raisonnement de M. Maudsley
prouve encore bien moins que ces animaux *ne sentent pas* la douleur;
car les cris, ou toute autre expression extérieure, sont les seuls
signes objectifs qui nous révèlent la douleur ou tout autre
sensation interne, dans un organisme quelconque, pourvu qu'il
ne soit pas le nôtre; de sorte que, selon toute probabilité, ils
indiquent la conscience et non l'inconscience; autant vaudrait en
effet mettre en doute qu'un animal en pleine possession de ses
hémisphères sente lorsqu'il crie; dans ce cas, comme dans l'autre, nous n'avons en faveur de la sensation que l'analogie; bien
plus, il faudrait douter de la conscience d'un homme *qui dit* qu'il
a une sensation, car, strictement parlant, chacun de nous ne peut
décider la question que pour son propre compte, et ne peut en
aucune façon avoir *une preuve* qu'un autre individu sent quoi que ce
soit, mais simplement constater *qu'il agit comme s'il sentait*, et puis
se rappeler que si lui-même il agissait ainsi, il le ferait à la suite de
telles ou telles sensations, et enfin conclure que probablement l'autre

Individu a des sensations semblables. Néanmoins, l'analogie d'un homme à un autre est telle que nous n'avons sous ce rapport pas l'ombre d'un doute ; la certitude diminue, il est vrai, au fur et à mesure que l'organisme en jeu est différent du nôtre ; elle diminue encore si cet organisme est mis dans des conditions anormales qui ne lui permettent pas de manifester toutes les réactions qu'il manifesterait s'il n'était pas mutilé, — mais jamais on ne pourra, tant qu'il y a une réaction, quelque imparfaite et partielle qu'elle soit, dire avec certitude que *rien n'a été senti*. Au contraire, les seules preuves que nous ayons que des réactions réflexes quelconques puissent en général avoir lieu inconsciemment, sont fournies, je le répète, par l'observation subjective, qui nous enseigne, *à chacun de nous individuellement*, que certaines réactions ont quelquefois lieu inconsciemment en nous, ou plutôt en *lui*.

Plus loin, Maudsley met en doute que nous ayons jamais conscience d'une sensation, à moins qu'elle n'éveille une perception, « étant admis en thèse générale que nous puissions avoir conscience d'une *simple sensation :* quand nous disons que nous avons une sensation, ce jugement implique la localisation de ce qui est senti à une partie quelconque du corps... » Soit, mais quand nous sentons *sans* le dire, sans savoir que c'est *nous* qui sentons, ni *ce* que nous sentons, comme cela arrive dans la seconde phase du réveil après une syncope, n'avons nous pas des sensations simples en l'absence de tout jugement ? D'ailleurs Maudsley détruit lui-même cet argument en admettant, d'une part, que l'enfant nouveau-né a des sensations, bien qu'il ne les localise pas, et ne puisse le faire, de l'aveu de tout le monde, qu'au bout d'un certain temps ; et, d'autre part, que les sensations confuses qui accompagnent les différentes activités organiques sont *senties*, bien qu'elles ne nous donnent pas de conscience *claire* ou de perception des causes dont elles proviennent ; « sous le rapport de cette sensation organique, dit-il, nous sommes au niveau des animaux inférieurs qui ont une sensibilité générale sans organes spéciaux pour le discernement et la comparaison ; et si un individu n'avait pas cette sorte de sensation il n'aurait probablement aucune notion de son moi. » Cela est certainement incontestable, et je me suis efforcé de montrer qu'il en est réellement ainsi dans la première phase du réveil après une syncope ; mais de ce que la *notion du moi* serait alors impossible il ne s'ensuit nullement que la conscience impersonnelle n'existe pas ; Maudsley semble ici confondre la conscience *du moi*, avec la conscience *en général* ; c'est de cette dernière qu'il s'agit dans ce moment, et nous avons vu qu'on ne peut pas en exclure l'existence, même dans la moelle épinière ; à plus forte raison devons-nous l'admettre dans les centres sensoriels ; seulement, dans ces centres, elle n'est plus *tout à fait indistincte* comme dans la moelle épinière, qui manque d'organes spéciaux pour le discernement et la comparaison ; elle est *différentiée*, car à chacun des ganglions sensoriels pris isolément correspond une qualité particulière de sensation, une sensation *spécifique ;* de plus, grâce à l'action réflexe de l'un à l'autre, ces ganglions, réunis fonctionnellement en « sensorium commune, » ont tout ce qu'il faut *pour la comparaison et le discernement*, c'est-à-dire non seulement pour la sensation *inintelligente* et indéterminée, mais pour la *perception élémentaire*, pour un rudiment d'intelligence, une première distinction entre le moi et le non-moi, suffisante pour établir au moins le sentiment de l'unité du moi, en face des objets qui n'en font pas partie. Ailleurs, Maudsley observe que, de la présence d'un entendement rudimentaire, dans les ganglions sensoriels des animaux inférieurs, il ne suit nullement qu'il soit présent dans les ganglions sensoriels de l'homme ; « on peut soutenir au contraire, dit-il, qu'à mesure que les centres nerveux supérieurs se différencient pendant le cours de l'évolution, certaines fonctions, qui étaient diffuses dans les animaux inférieurs, se localisent en eux et arrivent à constituer leur privilége. » Cela n'est pas douteux, et il y a très certainement *retrait* d'attributions, localisation de fonctions, pendant le cours de l'évolution ; c'est même en cela que l'évolution consiste, et c'est pour cela que plus un animal est haut placé dans l'échelle zoologique, et plus ses hémisphères cérébraux sont développés, moins on pourra constater dans ses centres sensoriels de fonctions psychiques conscientes ; les actes sensorio-moteurs sont en effet en grande partie automatiques ; nous les appelons *instinctifs*. C'est encore pour la même raison que chez l'homme la conscience et l'intelligence des centres sensoriels sont sans aucun doute réduites au minimum, précisément comme celles de la moelle épinière ; la conscience et, par suite, l'intelligence, se manifestent dans les parties du système nerveux où il y a encore quelque chose à faire, qui ne sont pas encore des mécanismes achevés, et dont l'automatisme laisse encore à désirer ; car elles sont, comme nous savons, l'expression subjective de l'une des phases du travail d'acquisition et d'organisation. Or, pour admettre que la conscience a complétement abandonné ces centres, et est devenue l'apanage exclusif des centres corticaux, il faudrait d'abord admettre que tous les actes sensoou-moteurs possibles et imaginables s'accomplissent au moyen d'un mécanisme préformé, à peu près comme les réactions spinales directes et immédiates des animaux supérieurs ; mais, s'il est probable que la moelle épinière de ces animaux, à force de réagir d'une façon uniforme à des impressions uniformes, est arrivée au plus haut degré de mécanisme inconscient, cela n'est point du tout probable pour les centres sensoriels qui sont exposés à une variété infinie d'impressions, — et cela, non seulement de la part de toutes les influences externes aptes à mettre en jeu les différentes espèces de sensibilité, mais encore de la part d'un flux inépuisable d'influences internes, provenant, pour chacun d'eux, de tous les autres, et, pour tous ensemble, des hémisphères cérébraux. De sorte que, sauf les quelques actes automatiques, qu'ils accomplissent en vertu d'une organisation définitivement acquise par la race ou par l'individu, ils se trouvent à chaque instant dans la nécessité de pourvoir à des adaptations nouvelles, c'est à-dire de faire ce que font les hémisphères, bien que, sans aucun doute, dans une mesure beaucoup plus restreinte que ceux-ci. Il en résulte que si chez les animaux supérieurs la moelle épinière, dans laquelle la sensation réflexe n'existe pas, a été réduite par la prépondérance des centres céphaliques à un organe inconscient et automatique et surtout à un organe de transmission, les ganglions sensoriels ne sont pas aussi faciles à dépouiller de leurs attributions de centres indépendants et conscients, car ils sont le siége de la *sensation réflexe*, dont la vie psychique la plus élevée n'est qu'une complication croissante et infinie. C'est en eux que la simple *sensibilité organique* se transforme, grâce à la sensation réflexe, en *psychicité ;* de sorte qu'il est inexact de dire, comme le fait Maudsley, qu'il n'y a *aucune démarcation* entre

les actions réflexes de la moelle et celle des centres sensorio-
moteurs ; il y a au contraire une différence *très marquée* entre les
premières et les dernières. — différence qui n'existe pas entre les
réactions des centres sensoriels et celles des hémisphères ; en effet,
dans le premier cas, le passage est brusque, tandis que dans le
second il est graduel ; dans le premier nous passons d'un mode de
fonctionnement *simple* à un mode *complexe*; dans le second nous
passons seulement d'un mode *complexe* à un mode *plus complexe ;* et
la complication qui apparaît dans les centres sensoriels, la *sensation
réflexe*, est bien réellement le germe rudimentaire de l'intelligence,
que l'on pourrait définir : une complexité croissante de sensations
réflexes corticales produites sous l'influence des impressions externes;
de sorte que le passage, dans ce cas, n'implique aucun nouveau mode
de fonctionnement, et s'effectue sans limite appréciable entre le
moins compliqué et le plus compliqué ; ce qui justifie cette autre
assertion de Maudsley, qu'une séparation entre les centres sensoriels et les centres corticaux doit apparaître comme une pure
abstraction.

Le résultat de cette étude peut être résumé ainsi :

I. *Dans la moelle épinière :* conscience élémentaire, impersonnelle, inintelligente ; maximum chez les animaux inférieurs, minimum chez les animaux supérieurs ; chez ces derniers, à l'état
normal, il n'est point fait appel à la conscience spinale, parce que
toutes les réactions qui sont de la compétence de la moelle, s'accomplissent automatiquement et que les excitations qui ne trouvent pas dans la moelle de mécanisme prêt à les desservir, sont
transmises sans retard aux centres céphaliques ; c'est seulement
dans les cas de complications expérimentales des conditions, que
cette conscience est éveillée, en raison même de la désintégration
étendue et profonde que de telles complications occasionnent ; elle
disparaît de nouveau au fur et à mesure que les nouveaux mécanismes s'organisent et se consolident.

II. *Dans les centres sensorio-moteurs* (fonctionnellement réunis en
« sensorium et motorium communia ») : conscience individuelle,
perception rudimentaire, germe d'intelligence ; caractère intelli-
gent et volitif des réactions soumis à des conditions identiques à
celles qui gouvernent l'intensité de la conscience spinale, mais

avec cette différence que, grâce à la variété infinie d'impressions externes et internes qui mettent ces centres en activité, celle-ci n'est pas réduite à un mécanisme automatique complet, comme dans la moelle épinière, et contribue par conséquent toujours plus ou moins à la panesthésie de l'individu, en y apportant sa part de conscience.

III. *Dans les centres corticaux* (fonctionnant comme « intellectorium commune »), conscience intelligente, notion claire des rapports de l'individu avec les objets externes et de ces objets entre eux, d'où résulte le caractère intentionnel, franchement volitif des réactions : la conduite est réglée par les circonstances passées, présentes et futures, telles que l'individu les prévoit en vertu de l'expérience acquise; contrairement aux deux premières formes de conscience, celle dont il s'agit ici augmente avec le grade zoologique de l'animal, elle atteint son maximum chez l'homme. L'intensité de cette conscience et la qualité de son contenu, dépendent des mêmes conditions que celles qui règlent la conscience des centres sensorio-moteurs et spinaux.

IV. Enfin, *dans tout le système nerveux*, considéré comme organe de la fonction fondamentale de toute la vie de relation, — *de l'action réflexe,* — conscience ou inconscience de l'activité qui est en train de s'accomplir, selon la phase physiologique de cette activité et d'après la loi suivante :

La conscience est liée exclusivement à la désintégration fonctionnelle des éléments nerveux centraux; son intensité est en proportion directe avec cette désintégration et, simultanément, en proportion inverse de la facilité avec laquelle chacun de ces éléments transmet à d'autres la désintégration qui s'empare de lui, et avec laquelle il rentre dans la phase de réintégration.

§ IV.

Je puis commettre une erreur, mais il me semble que cet exposé, quelque incomplet qu'il soit, suffit pour montrer que la loi physique de la conscience que je propose est justifiée par les faits et s'applique également bien au fonctionnement des différents centres nerveux; loin de moi la pensée que ma loi soit une expression parfaite et

complète du véritable état des choses, mais il me semble qu'elle en est
une expression meilleure et plus complète que celles qu'il a reçues
jusqu'à présent ; car elle embrasse en même temps l'activité la plus
intensement consciente et l'activité la plus inconsciemment automatique ; elle vient de plus se poser comme trait d'union entre les
opinions apparemment inconciliables de Lewes et de Maudsley et
non pas en adoptant le « juste-milieu, » mais en fondant les extrêmes
en une synthèse conciliatrice. Maintenant, revenons un instant,
après coup, à l'opposition entre ces deux éminents psychologues.
Ni l'un ni l'autre ne soutient une thèse absolument fausse ; mais
chacun exagère ce qu'il y a de vrai dans la thèse qu'il soutient :
Lewes, trop préoccupé de la phase de désintégration cérébro-
psychique, de la résistance des éléments centraux et de la difficulté
de la transmission, voit la conscience partout ; Maudsley, trop
préoccupé de la réintégration cérébro-psychique, du fonctionnement rapide des mécanismes préformés et de la facilité de la
transmission, ne la voit nulle part ; il s'ensuit que Maudsley croit
pouvoir énoncer ce paradoxe que l'homme ne serait pas une moins
bonne machine intellectuelle sans la conscience qu'avec elle, et que
Lewes croit devoir s'indigner d'une pareille assertion : « Supposer,
dit-il, que grâce à de fréquentes répétitions les actes psychiques
deviennent physiques, conduirait à la conclusion monstrueuse que
lorsqu'un naturaliste, à force de travail assidu, s'est rendu maître
de tous les caractères spécifiques d'un animal ou d'une plante et
peut les reconnaître au premier coup d'œil, la rapidité et la certitude de son jugement prouvent que ce jugement est un acte
mécanique et non un acte mental. L'intuition avec laquelle un
mathématicien voit la solution d'un problème serait un processus
mécanique, tandis que la lente et maladroite hésitation d'un novice
en présence de ce même problème serait un processus mental ; la
perfection de l'organisme coïnciderait avec sa dégradation au niveau
d'une machine ! » J'avoue que je ne vois en cela aucune matière à
indignation, pas plus que dans le fait qu'un musicien qui a péni-
blement appris les mouvements variés et délicats qu'il est obligé
d'exécuter, avec une vive conscience de chacun d'eux pendant la
période d'apprentissage, finit par jouer les morceaux les plus diffi-
ciles sans que ses mouvements, dont le mécanisme est alors défini-

tivement organisé, occupent un seul instant sa conscience ; c'est même là une condition absolue de ses progrès et de sa virtuosité finale et sans cela il n'arriverait jamais à jouir de la musique, ni à la faire goûter aux autres. Il ne peut en être autrement par rapport à l'activité intellectuelle — et il n'en est pas autrement ; en effet *le processus mental conscient trahit une imperfection de l'organisation cérébrale*, car il indique, ainsi que Herbert Spencer l'a si bien vu et exposé, la présence d'une activité nouvelle, insolite, qui vient déranger l'équilibre de l'automatisme inné ou précédemment acquis, et qui ne trouve point de mécanisme préformé, prêt à la desservir ; les vibrations actives se déroulent inconsciemment jusqu'au moment où elles rencontrent des éléments centraux qui résistent à leur transmission ; c'est à ce moment et à cette condition qu'elles deviennent conscientes ; mais que la même activité se répète plusieurs fois, que les éléments résistants apprennent à la transmettre sans retard à d'autres éléments, — la limite entre le conscient et l'inconscient sera *ipso facto* déplacée, reculée : le conscient sort de l'inconscient et y rentre ; mais la conscience ne cesse pas pour cela, elle se porte ailleurs, et continue ; à mesure que des combinaisons d'un ordre inférieur sortent de son domaine, des combinaisons d'un ordre supérieur viennent l'occuper ; la réduction d'un processus psychique simple à l'automatisme est la condition du développement mental, qui serait impossible sans cela : le naturaliste ne reconnaîtrait jamais une plante ou un animal au premier coup d'œil, s'il devait chaque fois avoir là vive conscience de chaque caractère isolément ; le mathématicien ne concevrait même pas l'existence de problèmes plus élevés, s'il devait chaque fois avoir une conscience nette de la table de multiplication. Et il en est ainsi dans toute notre vie psychique. De sorte que, au fond, le processus conscient est la phase transitoire d'une organisation cérébrale inférieure à une organisation cérébrale supérieure ; il exprime la nouveauté, l'incertitude, l'hésitation, le tâtonnement, l'étonnement, une association imparfaite, une organisation inachevée, un manque de promptitude et d'exactitude dans la transmission, une perte de temps dans la production de la réaction ; il indique que les voies nerveuses ne sont pas suffisamment déblayées et tracées avec assez de netteté pour permettre au stimulus de les parcourir sans s'arrêter, quel que doive être l'effet final : des mouvements réflexes ou des sensations réflexes idéationnelles ; il montre en somme que la physiologie n'est pas encore devenue morphologée, et, dès qu'elle le devient, il disparaît ; *mais il ne disparaît pas complétement et absolument* ; il ne disparaît que là où le travail d'incarnation est achevé, pour se porter là où ce travail est à son début, *car la conscience accompagne toujours et nécessairement le défrichement du terrain cérébral, tandis qu'elle ignore le reste*, à moins qu'il n'y ait une combinaison nouvelle à former. Voilà ce qui a échappé à Lewes et à Maudsley, au moment où celui-ci supposait qu'un homme puisse être une aussi bonne machine intellectuelle, avec la conscience que sans elle, et où celui-là s'indignait de l'idée que le perfectionnement de l'organisme coïncide avec sa dégradation au niveau d'une machine ; la réduction de toute l'activité psychique à un automatisme inconscient ne serait possible que si l'évolution organique avait une limite infranchissable, si tout le travail requis pour atteindre cette limite était accompli, si la nature avait épuisé ses ressources et ne pouvait plus avancer. Mais tout ce que nous savons de l'évolution des êtres vivants nous dit au contraire qu'elle n'a aucune limite ; voilà pourquoi la machine intellectuelle inconsciente de Maudsley est aussi impossible que l'indignation de Lewes est inutile ; car si les processus psychiques qui aujourd'hui sont conscients, deviennent automatiques demain, loin de perdre pour cela toute conscience, nous aurons une conscience plus vive que jamais, mais son *contenu* sera une autre : elle n'abandonnera les actes psychiques qu'elle accompagne maintenant et qui nous semblent fort complexes, que lorsqu'ils nous sembleront fort simples, et cela pour accompagner des actes plus complexes, des idéations plus abstraites, des acquisitions d'un ordre plus élevé : l'écolier est conscient des chiffres isolés ou des opérations élémentaires qu'il doit apprendre, mais il n'a aucune idée des problèmes mathématiques plus élevés ; l'étudiant n'est plus conscient de ces opérations élémentaires, elles s'accomplissant instantanément et automatiquement dans son esprit, mais il est conscient des calculs plus complexes, des problèmes de l'arithmétique raisonnée et de l'algèbre qu'il est en train de digérer et d'assimiler ; il ignore cependant l'existence des pro-

blèmes des hautes mathématiques : ils sont lettre close pour lui ; le mathématicien enfin exécute en un clin d'œil, inconsciemment, les calculs les plus complexes, et manie les formules comme le pianiste manie les touches de l'instrument ; sa conscience n'est éveillée que par les problèmes les plus ardus des hautes mathématiques ; et à mesure que ceux-ci lui deviennent familiers, habituels, à mesure qu'il les saisit facilement et les résoud rapidement, ils occupent de moins en moins sa conscience ; elle les abandonne peu à peu pour passer à leurs résultats, à leurs conséquences, à leurs applications, à des combinaisons nouvelles, à des questions inconnues, — en d'autres termes, elle se manifeste de plus en plus *ailleurs*, là où l'évolution cérébro-psychique empiète sur des régions incultes, commence le travail de défrichement et plante les premiers jalons des routes de l'avenir ; c'est à condition d'abandonner le simple, l'acquis, que la conscience s'élève au complexe et va à la conquête de l'inconnu ; tel est le progrès cérébral ou intellectuel qui a fait
. tant dans le passé, qui fera encore plus dans l'avenir, et qui n'a d'autres limites que la plasticité évolutive possédée par une race ou par un individu. Le perfectionnement s'arrête nécessairement là où les conditions d'un développement ultérieur ne sont pas données, — mais il continue, aussi nécessairement, là où ces conditions se trouvent réunies ; voilà pourquoi d'une part les animaux que nous nommons *inférieurs* restent au point où ils en sont : ils ont parcouru toute l'étendue du développement compatible avec leur organisation particulière ; et plus la correspondance organo-psychique qu'ils représentent est simple, plus aussi ils sont inintelligents et inconscients, c'est-à-dire instinctifs et automatiques ; voilà pourquoi, d'autre part, de tous les animaux que nous nommons *supérieurs*, l'homme a pu se développer d'une façon tellement surprenante, qu'il s'est imaginé n'avoir plus rien de commun avec eux et s'est cru en droit de renier leur parenté : ils ont épuisé les possibilités offertes par leur organisation plus pauvre et sont désormais condamnés à tourner fatalement dans le cercle d'un automatisme plus ou moins complet que lui seul a su rompre et élargir ; et lui, il l'a si bien élargi qu'il s'est ouvert un horizon infini d'acquisitions nouvelles de plus en plus complexes, où son activité consciente pourra s'exercer pendant des périodes interminables.

sans qu'il courre le risque d'être réduit à l'état d'automate intellectuel. Deux conditions toutefois pourraient mettre un terme à l'orgueilleux *excelsior* de l'espèce humaine : le progrès psychique devra nécessairement s'arrêter un jour, soit en vertu d'une limite absolue entre le connaissable et l'inconnaissable, soit en vertu d'une limite également absolue de la perfectibilité organique du cerveau humain. Dans ces deux cas la conscience finira sans aucun doute par abandonner de plus en plus l'activité cérébrale qui prendra peu à peu le caractère instinctif, réflexe, automatique, mécanique. Malgré le travail de plus en plus forcé, vertigineux et fébrile, auquel s'abandonne notre race, il est certain que longtemps avant que cette limite ne soit atteinte, le refroidissement graduel du système solaire aura mis fin à la possibilité de la vie sur la surface du globe terrestre. Cette perspective n'est pas gaie pour notre race, mais elle n'en est pas moins réelle ; — d'ailleurs, elle nous touche fort peu comme individus.

Dirons-nous pour cela, *après nous le déluge ?*

Non, nous aimons mieux dire : *fais ce que dois, advienne que pourra !*

---

Mais qu'est-ce donc que cette conscience qui se manifeste lorsque les centres nerveux fonctionnent d'une certaine manière ? Et pourquoi se manifeste-t-elle seulement dans ces conditions ?

Son essence nous est aussi inaccessible que l'essence de toute autre chose ; savons-nous ce que c'est que la matière ou la force ? Nullement. Il y a des faits primordiaux, irréductibles, inexplicables, que nous ne pouvons qu'accepter comme tels ; c'est déjà beaucoup si nous réussissons à préciser les conditions dans lesquelles ils se manifestent ; c'est même là tout ce qu'on peut demander à la science ; le *pourquoi* n'est pas de son ressort.

Pourquoi est-ce que l'activité nerveuse devient consciente dans certaines conditions ? Nous l'ignorons ; mais nous constatons le fait que dans ces conditions-là elle l'est, tandis qu'en leur absence elle ne l'est pas. Si le lecteur n'est pas content, je le prie de considérer que par rapport aux phénomènes physiques les plus simples nous ne sommes pas plus avancés : pourquoi est-ce que l'eau s'évapore à 100° et se solidifie à 0° ? Nous n'en savons absolument rien ; nous savons seulement qu'il en est ainsi et que la condition pour avoir de la glace, de l'eau liquide ou de la vapeur, c'est une certaine température — basse, moyenne ou élevée. On ne demande pas au physicien d'aller plus loin ; de quel droit le demanderait-on au psychologue ?

ALEX. HERZEN.

# APPENDICE [1]

La *conscience du moi* est un cas particulier de la conscience *en général* et doit, par conséquent, être soumise à la même loi que celle-ci, c'est-à-dire elle doit se manifester ou être absente selon que les éléments centraux qui concourent à sa production sont en train d'être désintégrés ou ne le sont pas, et elle doit se modifier si le fonctionnement de ces éléments est modifié; la chose est évidente dans les cas extrêmes de maladie mentale; elle l'est moins par rapport à l'état normal et aux états transitoires constitués par les troubles mentaux légers, passagers, périodiques ou permanents (l'hystérie, par exemple). C'est de cette partie du sujet que je vais m'occuper dans cet appendice.

Nous n'avons aucune conscience de notre identité avec le petit être mesquin que nous étions au moment de notre naissance. Le sentiment d'être la continuation du même individu ne commence que beaucoup plus tard, à une époque très variable suivant les individus, avec le premier souvenir net et persistant d'un état de conscience clairement perçu. Ce n'est point la conscience *en général* que nous dénions au nouveau-né, mais la conscience *du moi*. Il est évident qu'il a des sensations, mais il est tout aussi évident qu'il ne les localise pas; il ne saurait le faire, puisqu'il faut pour cela le concours de plusieurs sens, effet d'un groupement de circonstances qui ne peut avoir lieu chez lui. Sans doute, les sensations qui proviennent de deux points différents du corps doivent avoir, même pour le nouveau-né, chacune un caractère spécial; mais pour apprendre à les distinguer, à les attribuer à un point plutôt qu'à un autre et surtout à en référer l'origine à des objets

[1] Cet Appendice a paru dans le Bulletin de la Société vaudoise des Sciences naturelles, XX, 90.

externes, une longue expérience est indispensable ; la fréquente répétition de ces sensations doit rendre possible leur reproduction
subjective associée à l'image de la partie du corps dont elles proviennent ou des objets externes qui les lui produisent; l'enfant ne
peut donc arriver que peu à peu à se former une topographie de
plus en plus complète de son propre corps et à savoir en distinguer
les différentes parties les unes des autres et des objets qui ne lui
appartiennent pas. Or, comme toutes les parties de notre corps
sont mises en communication entre elles au moyen des centres
nerveux, comme ceux-ci reproduisent subjectivement l'image de
ces parties, ou de leur totalité, lorsqu'une seule est excitée, comme
enfin cette reproduction est nécessairement la plus fréquente de
toutes, le *moi* prend l'habitude de se considérer comme un individu, comme un tout, *un et indivisible*, et de s'opposer comme tel au
*non-moi*. Dès lors, il a la conscience de son moi ; mais c'est encore
une conscience à bien courte échéance; pour qu'il ait aussi le sentiment de la *continuité* de ce moi, il faut que la mémoire soit arrivée à un haut degré de développement, ce qui ne peut avoir
lieu que beaucoup plus tard. C'est la mémoire qui est la pierre an-
gulaire de cet édifice personnel.

Il s'agit de savoir jusqu'à quel point cet édifice, une fois formé,
possède une unité et une continuité réelles ou apparentes ou imaginaires. Selon le préjugé populaire, la conscience du moi accompagne constamment toutes nos pensée et tous nos actes et ne s'in-
terrompt que rarement, pendant le sommeil sans rêve ou pendant
l'évanouissement; mais l'observation attentive de nous-même ne
confirme point ce préjugé : une impression violente physique ou
morale nous absorbe si complètement et s'empare si bien de tous
les éléments sentants, que des impressions qui, à tout autre moment, eussent éveillé notre attention, passent inaperçues ; le *sensorium* ne donne plus audience aux nouvelles images qui se présen-
tent, toute la conscience est prise par la pensée prédominante, à
tel point qu'à côté de celle-ci il n'y a plus de place pour aucune
autre, pas même pour celle du sujet qui la subit; pendant ce
temps, la conscience de nous-même est donc interrompue. Il est
vrai que plus tard nous nous souvenons que c'est *nous* qui avons
eu cette impression ; nous sortons d'une espèce de rêve sans sommeil : c'est qu'alors nous ne sommes plus sous l'empire de l'im-

pression qui nous absorbait; elle est passée ; il suffit, d'ailleurs, que ce souvenir la rappelle vivement, pour qu'elle envahisse de nouveau toute la conscience et pour que nous perdions de nouveau notre subjectivité, en nous transformant, par rapport à la conscience, en quelque chose d'impersonnel.

Si l'on y prend garde, on se convaincra facilement que cela arrive toutes les fois que nous réfléchissons profondément à quelque chose, toutes les fois que le penseur suit avidement le déroulement logique de sa pensée, toutes les fois que l'imagination du poète ou de l'artiste est en train de créer; la personnalité disparaît alors ; la conscience n'est plus *notre* ; elle est prise tout entière par l'objet de la pensée ; le penseur devient la pensée et il n'y a plus de *moi*. La même chose arrive en dehors de ces cas extrêmes, à chaque instant de notre vie journalière ; lorsqu'il y a, par exemple, à vaincre des difficultés matérielles qui s'opposent à la manifestation de notre pensée : quand il faut l'écrire, ou tailler le crayon pour pouvoir l'écrire ; alors la conscience de nous-même n'accompagne pas constamment les pensées qui se suivent, ou bien elle est incomplète, partielle. Selon, par exemple, que nous imaginons être occupé d'une recherche scientifique, ou bien de notre toilette, le contenu de la conscience sera autre ; il sera formé tantôt par l'image de *tout notre corps*, assis et courbé sur un livre, tantôt par le pied qui s'efforce de pénétrer dans une chaussure nouvelle et par les mains qui tirent sur la chaussure ; le fractionnement du *moi* sera d'autant plus complet que l'attention sera plus fortement concentrée sur l'un de ses fragments ; tout à coup, nous nous souvenons que nous sommes *nous* ; une image totale, rapidement esquissée, vient remplacer l'image partielle ; mais l'image totale n'est qu'une « restauration » de l'individu, pour ainsi dire ; la mémoire le restaure à peu près comme les géologues restaurent les animaux fossiles, au moyen des fragment qu'ils trouvent ; c'est une synthèse momentanée des images partielles qui ont tour à tour rempli toute la conscience et pendant la prépondérance desquelles il n'y avait pas, à proprement parler, de conscience du *moi*, mais seulement une conscience de l'*objet des pensées*, qui, dans le cas particulier, se trouvait être une partie du moi.

Les seules pensées pendant lesquelles nous gardions un vif sentiment de nous-mêmes, sont celles dont l'image totale de notre personne est une partie intégrante et nécessaire; ainsi, lorsque nous réfléchissons à certaines données scientifiques, aux hypothèses qu'elles suggèrent, aux expériences qui pourraient confirmer ces hypothèses, aux conséquences qui en découlent, la conscience de nous-mêmes n'y est pas; mais il en est autrement dès que nous venons à nous représenter la manière de mettre en exécution une expérience particulière : la pensée est alors nécessairement accompagnée par la représentation des mouvements requis, de leur forme, de leur rapidité, de leur énergie, c'est-à-dire par l'image du *moi* agissant, en différentes positions et de différentes manières (dont nous contemplons l'effet, évoqué en nous par une série de sensations réflexes ou de représentations *anticipées*, dues à notre expérience antécédente); il en est surtout ainsi toutes les fois que la sensation nommée *volonté* fait partie de la pensée, car c'est le moi en action qui est alors l'objet principal de la pensée et qui la constitue tout entière, de sorte que si cette pensée venait à cesser, sans être immédiatement remplacée par une autre, la conscience du moi cesserait avec elle et il ne resterait rien du tout ; notre activité intérieure, notre individualité auraient disparu ; c'est ce qui arrive, en effet, au moment où une syncope vient interrompre le courant des idées pour un temps plus ou moins long et quelquefois pour toujours ; mais, à part ce cas exceptionnel, la pensée dont le moi faisait partie est aussitôt remplacée par une autre, impersonnelle ; après avoir réfléchi aux manipulations de l'expérience, nous en considérons de nouveau les conséquences et alors l'individualité s'efface de nouveau, le moi disparaît.

L'idée du moi n'est donc point un élément aussi constant de la conscience que l'on est porté à le croire ; mais comme elle est très fréquente, et même la plus fréquente de toutes, puisqu'elle est à chaque instant évoquée par l'action réflexe intercentrale (autrement dite : association des idées) et imposée aux pensées qui se suivent ; comme l'action reflexe n'a point d'habitude plus constante et plus invétérée que celle de compléter le moi, en esquissant son image totale, dès qu'une sensation quelconque évoque l'image d'une de ses parties ; comme il est presque inévitable qu'une légère indication de la totalité n'accompagne toute image partielle (de même que les sons harmoniques, qui constituent l'accord complet, accompagnent le son produit par l'une des cordes isolément); comme, enfin, l'image totale est presque toujours *à peu près* la même, tandis que les images partielles se suivent et ne se ressemblent pas, il est naturel que l'image totale prédomine dans l'esprit de ceux qui ne sont pas habitués à s'observer attentivement et produise l'illusion d'une continuité qu'elle est loin d'avoir.

Ainsi, le moi peut quelquefois être *complètement absent* de la panesthésie; celle-ci peut, au contraire, être quelquefois constituée tout entière par une image *partielle* du moi; elle ne prend le caractère de véritable conscience du moi que lorsque l'image *totale* de nous-mêmes est l'un des facteurs principaux des pensées qui nous préoccupent.

Voyons maintenant si au moins toutes les fois qu'elle apparaît, elle est identique à elle-même.

Dans la *Revue philosophique* (¹), M. H. Taine donne une longue citation de l'ouvrage du Dr Krishaber sur une maladie des centres nerveux qui altère sensiblement la panesthésie des malades et a pour conséquence une métamorphose plus ou moins complète de l'idée qu'ils se font de leur moi. M. Taine pénètre d'emblée toute la portée psychologique de ce fait et il en conclut: « Que le moi, la personnalité morale, est un produit dont « les sensations sont les premiers facteurs, et ce produit, con- « sidéré à différents moments, n'est le même et ne s'apparaît « comme le même, que parce que ses sensations constituantes « demeurent toujours les mêmes; lorsque, subitement, ces sen- « sations deviennent autres, il devient autre et s'apparaît comme « un autre; il faut qu'elles redeviennent les mêmes pour qu'il « redevienne le même et s'apparaisse de nouveau comme le « même. »

Cette conclusion n'est pas nouvelle pour la physiologie; celle-ci va même un peu plus loin et prétend que, comme la panesthésie ne redevient *jamais exactement la même*, le moi ne le redevient pas non plus, et que, par conséquent, à différentes époques de la vie, il diffère considérablement de lui-même, de sorte que, ce qui a lieu dans la névropathie cérébro-cardiaque n'est qu'une *exagération* de ce qui a constamment lieu à l'*état normal*. Ordinairement le moi se

(¹) Vol. II, 1876.

maintient *à peu près* le même, pendant des périodes plus ou moins longues de la vie, parce qu'alors le produit des sensations présentes et passées, périphériques et centrales, est aussi *à peu près* le même, mais il devient un autre au fur et à mesure que ce produit devient un autre. Les modifications du moi dépendent tantôt de conditions physiologiques (passage de l'enfance à l'adolescence, de celle-ci à l'âge mûr, de celui-ci à la vieillesse), tantôt de conditions toxicologiques, et sont alors soudaines et profondes comme l'action des substances qui les produisent (influence de l'alcool, de l'opium, de la morphine, du vin, du café, etc., en un mot de tous les *aliments nerveux*); elles dépendent, enfin, de conditions pathologiques et sont alors plus ou moins rapides, continues, rémittentes, intermittentes ou définitives, selon le siège, la nature et la marche de la maladie dans les cas particuliers ; nous reviendrons plus tard sur ce sujet. Notons, pour le moment, que nous sommes souvent frappés, même par les métamorphoses physiologiques du moi, et que nous avons quelquefois beaucoup de peine à nous reconnaître dans l'une de nos phases passées, à tel point que J. Foster a pu donner à ce fait l'expression humoristique suivante : « Dans le cours d'une longue vie, un homme peut être successivement plusieurs personnes, si dissemblables que, si chacune des phases de cette vie pouvait s'incarner dans des individus distincts, et si l'on réunissait ces divers individus, ils formeraient un groupe très hétérogène, se feraient mutuellement opposition, se mépriseraient les uns les autres et se sépareraient vite, sans se soucier de se revoir jamais. »

On nous objectera peut-être que si le moi n'était qu'une forme interrompue et variable de la panesthésie, il ne saurait nous fournir qu'un chaos d'images isolées sans aucun lien entre elles, comme les pierres destinées à former une mosaïque, accumulées pêle-mêle, sans ordre ni rapport les unes avec les autres. Je réponds qu'il n'en est rien et qu'il en est, au contraire, de la personnalité morale exactement comme de la personnalité physique. L'unité et la continuité du moi psychique, en tant qu'elles existent réellement, ne sont nullement mises en danger par les observations précédentes, — pas plus, en vérité, que l'unité et la continuité du moi physique, que personne ne conteste, ne le sont par le fait de l'incessant échange de matériaux entre le corps et le monde extérieur([1]). D'ailleurs, les changements que subit la personnalité psychique, de même que ceux de la personnalité physique, ne se laissent constater, sauf les cas exceptionnels, qu'à de longs intervalles, et nous avons toujours la tendance de les nier, de les croire nuls ou pour le moins insignifiants, jusqu'au moment où leur évidence s'impose à nous et nous oblige à courber la tête, — quelquefois aussi à la relever.

Grâce à l'enregistrement des impressions dans les éléments centraux et au mécanisme des sensations réflexes, à l'ensemble desquels nous donnons le nom de mémoire, toute sensation est immédiatement suivie de la représentation de beaucoup d'autres passées; celles-ci évoquent, à leur tour, l'image d'un grand nombre d'autres, plus anciennes encore, et ainsi de suite: ces souvenirs de nos états de conscience successifs, synthétisés et fondus en un tout, font en sorte que le moi se complète et se reconnaît au milieu des ses vicissitudes, assiste simultanément aux différentes phases de son développement et sent plus ou moins vivement qu'il est la continuation de ce qu'il était, bien qu'il ne soit plus exactement le même et quelquefois un autre; s'il ne se souvenait pas d'avoir été un autre, il ne saurait pas qu'il est le même; aussi le sentiment de sa continuité et de son unité lui manque *complètement*, lorsque la mémoire fait défaut. En effet, nous ne l'avons point du tout par rapport à la première période de notre existence; nous n'avons qu'une idée subséquemment acquise, par « oui-dire » et par analogie, d'être la continuation du petit enfant auquel notre mère a donné le jour; c'est par le *raisonnement* que nous arrivons à cette conclusion, mais le *sentiment* d'avoir été cet être-là manque absolument et ne commence qu'avec le premier souvenir net et persistant d'un état de conscience clairement perçu et dûment enregistré.

Il résulte de cette exposition que ce « groupe de phénomènes » (comme dit M. Renouvier) que nous appelons le *moi*, c'est la panesthésie dans les moments où elle n'est pas impersonnelle; que sa continuité et son unité, toutes deux fort relatives, sont dues exclusivement à la mémoire; enfin que son identité n'est qu'une illusion plus ou moins durable.

Quelque évidente que soit cette conclusion, il ne sera pas inutile

---

([1]) V. Maudsley, *Body and Will*, p. 77.

de citer quelques exemples à l'appui ; je laisserai complétement de côté les modifications toxicologiques du moi : elles sont trop connues de tout le monde pour qu'il soit nécessaire d'y insister ; je m'arrêterai de préférence sur ses modifications pathologiques.

Parmi ses transformations physiologiques, la plus frappante est celle qui a lieu au moment de la puberté ; personne ne doute des changements profonds qui surviennent alors dans le moi physique ; mais en général on ne se rend pas compte du fait que les changements psychiques qui les accompagnent ne sont pas moins profonds ; voici comment s'exprime à ce sujet un des aliénistes les plus distingués, qu'une mort prématurée a ravi à la science, W. Griesinger [1] : « Un des exemples les plus évidents et les plus « instructifs, au point de vue des conditions de l'aliénation, d'un « renouvellement et d'une métamorphose encore physiologique du « moi, nous est fourni par l'étude des phénomènes psychiques qui « se passent à l'époque de la puberté. Avec l'entrée en activité de « certaines parties du corps, qui jusque-là étaient restées dans le « calme, et avec la révolution totale qui se produit dans l'orga- « nisme à cette époque de la vie, de grandes masses de sensations « nouvelles, de penchants nouveaux, d'idées vagues ou distinctes « et d'impulsions nouvelles de mouvement passent, en un temps « relativement court, à l'état de conscience. Elles pénètrent peu à « peu le cercle des idées anciennes et arrivent à faire partie inté- « grale du moi ; celui-ci devient par cela même tout autre, il se « renouvelle et le sentiment de soi-même subit une métamorphose « radicale. Mais, il est vrai, jusqu'à ce que l'assimilation soit com- « pléte, cette pénétration et cette dissociation du moi primitif ne « peuvent guère s'accomplir sans qu'il se passe de grands mouve- « ments dans notre conscience, sans que celle-ci subisse un ébran- « lement tumultueux, c'est-à-dire sans qu'il se produise une foule « d'agitations diverses dans notre âme. Aussi est-ce principalement « à cette époque de la vie que l'on voit survenir des agitations in- « ternes du sentiment et sans motifs extérieurs. »

Passons aux transformations pathologiques du moi ; elles sont encore plus évidentes, parce qu'elles sont plus soudaines et plus

[1] *Traité des maladies mentales*, traduit par le docteur Doumic. Paris, 1865.

variées. En 1873, le D<sup>r</sup> Krishaber publia une monographie sur un
état morbide qu'il appelle névropathie cérébro-cardiaque ; la cause
de cette affection paraît être une altération soudaine de la nutrition des centres sensoriels, produite probablement par une constriction locale tonique des vaisseaux sanguins, tandis que les centres supérieurs, les circonvolutions cérébrales demeurent à l'état
normal. Il en résulte une perversion des sensations, c'est-à-dire des
*éléments* de l'intelligence ; celle-ci continue à fonctionner régulièrement en tant que mécanisme logique, et cependant elle arrive à
des résultats faux, parce qu'elle est forcée d'élaborer des données
fausses et que ses conclusions, logiquement justes, reposent sur des
prémisses erronées ; le malade n'est pas fou ; au commencement il
rectifie les croyances fausses que lui suggère l'étrangeté de ses
impressions, il résiste à ces croyances, il les déclare illusoires : mais
son ancien moi finit par s'épuiser et par succomber : il se croit
transporté dans un autre monde, puis il croit qu'il n'est plus, enfin
il croit qu'il est un autre. Je renvoie pour les détails à l'article de
M. Taine et au volume du D<sup>r</sup> Krishaber.

Dans d'autres cas, il s'agit d'une altération locale ou réflexe des
centres corticaux ; les sensations, comme éléments de l'intelligence,
sont alors intactes et c'est *l'intelligence elle-même* qui est faussée par
le fonctionnement morbide de son mécanisme.

Je choisirai, comme le plus instructif, un exemple d'une telle
maladie à symptômes intermittents, qui ont pour résultat ce qu'on
nomme la double conscience.

En 1876, le D<sup>r</sup> Azam publia dans la *Revue scientifique* le cas suivant : Félida subit alternativement des périodes de tristesse taciturne et des périodes de gaîté et de loquacité ; les premières deviennent de plus en plus fréquentes et prolongées et finissent par
constituer son état habituel, pour ne faire place qu'à de rares intervalles à une gaîté passagère. Pendant les périodes de tristesse, elle
n'a aucun souvenir des périodes de gaîté, qui sont comme retran-
chées de sa conscience ; pendant les périodes de gaîté, au contraire,
elle se souvient des intervalles tristes ; et tandis qu'elle se trouve
dans l'un des deux états, c'est celui-là qu'elle croit fermement être
son état normal ; quant à l'autre, elle l'appelle sa maladie. Le
D<sup>r</sup> Azam croit qu'il s'agit d'amnésie ; cependant il considère les
périodes *gaies* de Félida comme pathologiques et en attribue la

cause à une constriction vasculaire dans les couches corticales. Je me permettrai d'exprimer à cet égard quelques doutes : s'il y a amnésie, ce n'est pas pendant les périodes gaies de Félida, puisque pendant ces périodes elle se rappelle de ses périodes tristes, mais bien dans ces dernières ; par conséquent, ce sont celles-ci qui représentent l'état pathologique, et nous n'avons aucune raison de] considérer l'état gai de Félida comme pathologique ; et, en effet, tous les autres symptômes hystériques dont elle souffre, y compris l'amnésie, appartiennent à ses périodes tristes ; la marche de la maladie me paraît indiquer que l'état taciturne et hystérique s'est développé lentement à l'époque de la puberté, qu'il a longuement persisté, interrompu seulement de temps en temps par de courtes périodes gaies et non hystériques, constituant des retours passagers à l'état normal ; cela est rendu encore plus probable par ce fait qu'à un certain âge ces retours devinrent plus fréquents et plus prolongés ; ils suggèrent donc un pronostic favorable et font espérer que la guérison complète coïncidera avec l'époque où la cessation définitive d'une importante fonction périodique de l'organisme féminin entraîne habituellement celle des phénomènes dits *hystériques.*

Quoi qu'il en soit, ce qui nous importe en ce moment c'est que la différence dans le pli des sentiments et des pensées de Félida, en un mot dans son moi, pendant ses périodes alternatives, provient évidemment de ce que chacune de ces périodes est caractérisée par une panesthésie différente et qu'à chaque panesthésie correspond un moi différent ; or, chacun de ces deux moi, tant que Félida se trouve dans l'une de ces périodes, elle le considère comme son véritable moi normal ; elle a donc réellement deux consciences qui s'alternent, selon l'état que les influences morbides induisent dans son cerveau ; une de ces deux consciences est totalement étrangère à l'autre, puisqu'elle en ignore l'existence ; l'autre, au contraire, connaît la première, mais elle ne la connaît que pour la renier et pour la repousser comme quelque chose de maladif. Félida sait pendant l'une de ces périodes qu'elle est toujours la même, uniquement parce qu'elle se rappelle que quelquefois elle est une autre ; elle n'en sait rien pendant l'autre période ; dans le premier cas, c'est l'identité du moi qui souffre ; dans le second, c'est sa continuité qui est abolie. Qu'adviendrait-il si ce dernier état devenait permanent ?

M. P. Janet a publié, à propos de cette importante observation, un article sur la notion de la personnalité; il cite l'exemple d'une marchande de poissons qui se croyait devenue Marie-Louise, mais qui se souvenait d'avoir été marchande de poissons et il ajoute ces mots : « Dans ce cas, on voit bien la persistance du moi *fondamental* dans le changement du moi *extérieur*. Car c'était bien le même moi évidemment qui croyait être Marie-Louise, et qui *se souvenait* d'avoir été marchande de poissons. » C'est donc bien la mémoire que M. Janet pose comme condition absolue de la prétendue identité du moi. Il s'ensuit que si un jour la marchande de poissons oubliait sa première condition, son moi fondamental cesserait *ipso facto* d'exister; et dans ce cas son moi extérieur ou accessoire deviendrait évidemment fondamental; c'est ce que l'auteur ne dit pas; il est trop spiritualiste pour le dire: heureusement c'est d'une telle évidence qu'il est presque superflu de le dire. Néanmoins ce n'est ici, comme dans le cas de Félida, qu'une supposition très probable; je crois donc nécessaire de citer encore quelques exemples pour montrer qu'il en est réellement ainsi, lorsque l'altération des centres cérébraux n'est pas passagère ou périodique, mais permanente et définitive. J'entends permanente et définitive par rapport aux éléments centraux qui contribuaient au moi disparu, qu'un nouveau moi remplace complètement, et cela sans que l'individu se trouve après coup dans un état pathologique ; autrement, il suffirait de citer quelques cas de folie incurable. Ce que je tiens à faire ressortir, c'est non-seulement qu'un individu peut perdre totalement son *moi* passé pour cause d'oblitération morbide de la plupart des éléments centraux, mais aussi et surtout qu'au fur et à mesure que d'autres éléments entrent en jeu et recommencent l'élaboration d'un autre moi, l'individu finit par posséder un nouveau moi absolument différent du premier et n'ayant aucune idée d'avoir jamais eu un rapport quelconque avec lui.

La machine cérébrale peut subir des avaries de différentes espèces ; de même qu'une montre, elle peut s'arrêter soit pour cause de corps étrangers venant empêcher le mouvement de ses rouages (c'est le cas des modifications toxicologiques du fonctionnement cérébral); soit pour cause de déplacement d'un ressort ou d'une roue (c'est ce qui arrive dans les cas de commotion pour cause traumatique); soit enfin pour cause de destruction d'une ou de plusieurs pièces et quelquefois de toutes (c'est le cas des amnésies permanentes, partielles ou totales). Cette grossière comparaison n'a pas d'autre but que celui d'indiquer la possibilité d'un rétablissement, plus ou moins lent et plus ou moins complet, dans un grand nombre d'affections semblables et la permanence de l'affection dans certains cas, à vrai dire, assez rares. Exemples : le D' Hoy rapporte l'observation d'un jeune homme, âgé de dix-huit ans, qui perdit connaissance à la suite d'une ruade d'une jument nommée *Dolly*, qui lui enfonça le crâne; aussitôt que l'os fut enlevé, il cria avec énergie : « Whoa, *Dolly!* » et regarda autour de lui avec surprise, s'étonnant de ce qui lui arrivait. Or, depuis l'accident il s'était écoulé trois heures; le patient n'avait aucune idée ni auoune conscience d'avoir été frappé par la jument; la dernière chose qu'il se rappelât, c'est que la jument lui présentait son train postérieur et baissait les oreilles en arrière [1].

Une jeune femme mariée à un homme qu'elle aimait passionnément fut prise en couches d'une longue syncope, à la suite de laquelle elle avait perdu la mémoire du temps qui s'était écoulé depuis son mariage inclusivement. Elle se rappelait très exactement tout le reste de sa vie jusque-là... Elle repoussa avec effroi son mari et son enfant et ne recouvrit jamais la mémoire de cette période de sa vie. Ses parents et ses amis sont parvenus à lui persuader qu'elle est mariée et qu'elle a un enfant; elle s'efforce de le croire, parce qu'elle aime mieux penser qu'elle a perdu le souvenir d'une partie de sa vie, que de les croire tous des imposteurs. Mais sa conviction, sa conscience intime n'y est pour rien : elle voit là son mari et son enfant, sans pouvoir s'imaginer par quelle magie elle a acquis l'un et donné le jour à l'autre [2]. Ces deux exemples montrent nettement que quelquefois les rouages disloqués peuvent reprendre leur place et que d'autres fois quelques-uns des rouages peuvent être définitivement abolis, sans empêcher les autres de fonctionner; l'exemple suivant montrera que l'instrument cérébral peut être accordé différemment, de façon à donner alternativement deux musiques qui n'ont rien de commun entre elles; c'est le cas de Félida exagéré et complété : Une jeune dame

[1] Cité par Maudsley, *Pathologie de l'esprit*, p. 10.
[2] Cité par Ribot, *Maladies de la mémoire*, p. 64.

américaine, au bout d'un sommeil prolongé, perdit le souvenir de tout ce qu'elle avait appris. Sa mémoire était devenue une table rase. Il fallut tout lui apprendre. Elle fut obligée d'acquérir de nouveau l'habitude d'épeler, de lire, d'écrire, de calculer, de connaître les objets et les personnes qui l'entouraient. Quelques mois après, elle fut reprise d'un profond sommeil et, quand elle s'éveilla, elle se retrouva telle qu'elle avait été avant son premier sommeil, ayant toutes ses connaissances et tous les souvenirs de sa jeunesse, par contre ayant complèment oublié ce qui s'était passé entre ses deux accès. Pendant quatre années et au-delà, elle a passé périodiquement d'un état à l'autre, toujours à la suite d'un long et profond sommeil.... Elle a aussi peu conscience de son double personnage que deux personnes distinctes en ont de leurs natures respectives. Par exemple, dans l'ancien état, elle possède toutes ses connaissances primitives. Dans le nouvel état, elle a seulement celles qu'elle a pu acquérir depuis sa maladie, et cela va jusque dans les plus menus détails de sa manière d'être. Dans l'ancien état, elle a une belle écriture. Dans le nouveau, elle n'a qu'une pauvre écriture maladroite, ayant eu trop peu de temps pour s'exercer. Si des personnes lui sont présentées dans l'un des deux états, cela ne suffit pas ; elle doit, pour les connaître d'une manière suffisante, les voir dans les deux états. Il en est de même des autres choses (¹).

Pour réaliser la métamorphose complète et définitive du moi et la substitution d'une personnalité nouvelle au moi disparu, il n'y a plus qu'un pas à faire : il suffit que l'altération du cerveau soit telle que le retour au moi primitif soit à jamais impossible. Voici un exemple remarquable d'un cas de ce genre (²) : Une dame anglaise de 24 ans, Mᵐᵉ H., mariée depuis un an, jouit d'une santé parfaite jusqu'à son mariage et pendant quelques mois après, quoiqu'elle fût en général d'une complexion délicate. Depuis elle commença à perdre l'appétit, à souffrir de mélancolie et à dormir plus longtemps que d'habitude. Calcu-

---

(¹) *Macnish*, dans Taine, *De l'intelligence*, t. I, p. 165, et dans Combe, *System of Phrenology*, p. 173. *Schrœder v. d. Kolk* rapporte un cas tout à fait semblable, dans son traité des maladies mentales.

(²) Rapporté par *Carpenter* dans le *Brain*, avril 1869.

4

lant sur les effets favorables d'un changement d'air, elle se transféra en Ecosse où elle fut observée par le prof. Sharpey, qui la trouva dans un état général satisfaisant, sauf du côté de la vie psychique une diminution de la mémoire et de l'attention et une somnolence exagérée. Bientôt cette dernière augmenta à tel point que M^me H. s'endormait souvent, à toutes les heures et dans toutes les positions, d'un sommeil profond sans rêves, interrompu seulement de temps en temps d'une secousse générale suivie de paroles incohérentes ; éveillée elle n'avait aucun souvenir de ce qui s'était passé, ni des choses qu'elle avait dites ; celles-ci étaient toujours des exclamations d'aversion et d'horreur exprimées presque invariablement par les mêmes mots ; il n'y avait qu'un moyen de la réveiller : c'était de la mettre debout et de la faire marcher ; chaque fois qu'on la réveillait ainsi elle se montrait inquiète, affligée et pleurait longuement. Au mois de mai les symptômes s'aggravèrent : il devenait tous les jours plus difficile de la réveiller et enfin, dans les premiers jours du mois de juin, on ne put y parvenir. Elle dormit ainsi, sauf quelques courts moments de réveil, à de rares intervalles, jusqu'aux premiers jours du mois d'août. Pendant ce sommeil de deux mois, on la nourrit au moyen de cuillerées d'aliments liquides ; lorsque la cuiller venait en contact avec ses lèvres, elle ouvrait la bouche et avalait le liquide ; lorsqu'elle n'en voulait plus, elle serrait les dents et, en cas d'insistance, elle détournait la figure ; elle paraissait distinguer les saveurs, car elle refusa obstinément certains mets. De temps en temps elle prononçait les mêmes mots qu'auparavant, mais avec cette différence, très curieuse, qu'à présent elle les proférait avec une expression de satisfaction ou les chantait avec une douce mélodie. Ce sommeil ne fut interrompu que de temps en temps par quelques sensations douloureuses ; un fois par exemple, dix jours après le commencement de sa léthargie, on lui administra un médicament qui lui procura des maux de ventre ; elle se réveilla en criant : j'ai mal ! je vais mourir ! et en se tenant l'abdomen avec les mains ; calmée par des fomentations chaudes, elle resta éveillée pendant plusieurs heures, pendant lesquelles elle ne répondit à aucune question et ne reconnut personne, excepté une ancienne connaissance, qu'elle n'avait pas vue depuis un an. Elle la considéra longuement, puis

la prit par les mains avec des signes d'une grande joie ; enfin, elle
prononça le nom de cette personne, se mit à le répéter sans cesse
et continua à le répéter, même après s'être rendormie. Vers la fin
du mois de juillet le sommeil devint moins profond : la malade
donnait des signes d'être moins inconsciente ; il fut possible de la
réveiller en lui ouvrant les yeux et en lui montrant un objet apte
à fixer son regard ; elle riait alors et semblait s'amuser beaucoup ;
toute son attention semblait concentrée sur cet objet et sur la personne qui le montrait ; mais la malade ne parlait pas et ne répon-
dait à aucune question ; enfin, au commencement du mois d'août
les interruptions de son sommeil devinrent de plus en plus longues
et elle finit par ne pas dormir davantage qu'à son état normal.
C'est alors qu'on s'aperçut dans sa vie psychique d'un phénomène
tout à fait surprenant : elle avait complètement oublié *tout*, sa vie
psychique était une *tabula rasa* complète, elle ne savait plus rien,
à tel point que tout lui était nouveau : elle ne reconnaissait personne, pas même son mari ; elle était gaie, inattentive, distraite et
remuante, et paraissait charmée de tout ce qu'elle voyait ou en-
tendait, tout à fait comme un petit enfant. Peu à peu elle devint
plus tranquille, plus sérieuse et plus attentive ; sa mémoire, complètement abolie pour toute sa vie précédente, y compris la léthargie,
se montra très active dans le présent. On put alors commencer sa
*rééducation* : elle recouvra une partie de ce qu'elle avait su, avec
une facilité très grande dans certains cas, moindre dans d'autres ;
il est bien remarquable que, quoique le procédé suivi pour recou-
vrer son acquis ait paru consister moins à l'étudier à nouveau qu'à
se le rappeler avec l'aide de ses proches, cependant même maintenant elle ne paraît pas avoir conscience au plus faible degré de
l'avoir possédé autrefois. De plus, elle ne reconnaît personne, même
parmi ses plus proches parents, c'est-à-dire qu'elle n'a aucun souvenir de les avoir connus avant sa maladie ; elle les désigne soit
par leur vrai nom qu'on a dû lui enseigner, soit par des noms de
son invention ; mais elle les considère comme de nouvelles connaissances et n'a aucune idée de leur parenté avec elle ; depuis sa maladie elle n'a vu qu'une douzaine de personnes et c'est pour elle
tout ce qu'elle a jamais connu. Elle a appris de nouveau à lire,
mais il a été nécessaire de commencer par l'alphabet, car elle ne
connaissait plus une seule lettre ; elle a appris ensuite à former des

syllabes, des mots et maintenant elle lit passablement. Pour apprendre à écrire, elle a commencé par les études les plus élémentaires, mais elle a fait des progrès beaucoup plus rapides qu'une personne qui ne l'aurait jamais su. L'aide apportée à son travail de réacquisition par ses connaissances antérieures, dont elle n'a point conscience, a surtout été efficace pour ce qui concerne la musique ; le mécanisme de l'exécution musicale semble même être resté presque intact. Il paraît de plus qu'elle possède quelques idées générales d'une nature plus ou moins complexe qu'elle n'a pas eu l'occasion d'acquérir depuis sa guérison. Bref, au bout d'un temps relativement assez court, elle revint peu à peu à un état normal parfait et jouit d'une instruction suffisante, mais elle n'eut jamais le plus léger souvenir d'avoir possédé autrefois les connaissances réacquises, ni d'avoir vécu une autre vie. Sa seconde vie, assez longue, fut une vie à tous égards normale ; elle fut une épouse et une mère excellente, et vieillit généralement aimée pour ses qualités intellectuelles et morales et pour son zèle dans la bienfaisance.

Le D<sup>r</sup> Camuset, dans la description d'un cas de « Dédoublement de la Personalité » ([1]), observé sur un jeune homme de 18 ans, remarque avec raison que les cas de ce genre sont plus nombreux qu'on ne le suppose, mais qu'il ne sont étudiés que depuis peu, car auparavant ils laissaient les observations incrédules ; « *ils étaient même* dit-il, *embarrassants pour certaines théories.* » Et il ajoute : « Quel est donc ce *moi*, qui se métamorphose, qui s'oublie pendant une année ? »

Nous répondrons avec Maudsley : ce *moi* n'est autre chose que l'*unité de l'organisme*, se révélant à la conscience ; l'organisme *est* la personnalité ; la conscience ne fait que nous le dire.

Le moi psychique est l'expression de l'état du moi physique, et il en suit nécessairement les vicissitudes et les oscillations ; voilà pourquoi il varie avec les variations anatomiques, physiologiques, toxicologiques et pathologiques de celui-ci, et pourquoi on retrouve même à l'état normal, un commencement de subdivision du moi, soi-disant *un*, en plusieurs moi plus ou moins divergents. Ce qui

([1]) *Annales médico-psychologiques*, janvier 1882.

permet à M. Paulhan de dire ([1]) que l'homme est pour ainsi dire composé de plusieurs *moi*, qui ont un fond commun et se confondent jusqu'à un certain point, mais pas complètement, que l'on peut très bien couper artificiellement une personnalité en plusieurs morceaux et montrer que cette division correspond à quelque chose de réel (par exemple dans le moi privé et dans le moi public du même individu ; dans le moi mari et père de famille et le moi tout différent que le même individu représente, lorsqu'il se livre au jeu, à la débauche ; dans le moi de l'homme religieux et le moi du même homme, lorsqu'il vaque à ses affaires ou à ses plaisirs, etc.). De sorte que l'*unité* du moi n'est jamais complète et le fractionnement existe plus ou moins dans la plupart des cas, chaque moi partiel, pour ainsi dire, représentant une des tendances dominantes de l'individu ; ici, comme partout, l'état pathologique n'est qu'une déviation de l'état normal ; celui-ci contient en petit ce que celui-là exagère. Ajoutons cependant, que l'homme atteint une unité d'autant plus complète que son caractère est plus *entier*, qu'il a subi pendant sa vie des métamorphoses moins brusques et moins profondes, qu'il y a moins de divergence entre son simple moi et son moi professionnel ou autre, et enfin, et surtout, qu'il y a plus d'harmonie entre ses idées morales et sa conduite. *Renforcer cette unité* — tel doit être un des principaux buts de l'éducation.

([1]) *Rev. phil.*, v. xiii, 1882, p. 639.

151